Olaf Schubert

Vietnam

Im Land der Drachen

Vietnam

Olaf Schubert

IM LAND DER DRACHEN

Kahl

Impressum

1. Auflage, Dezember 2018

Fotos und Texte: Olaf Schubert
Autorenportrait: Luca Schubert
Karte Vietnam: © dikobrazik / Fotolia
Lektorat: Lissi Reske, Carsten Enders
Layout und Satz: Gunhild Röth
Druck: Tisk Horák

ISBN 978-3-938916-31-5

www.kahl-verlag.de

Inhalt

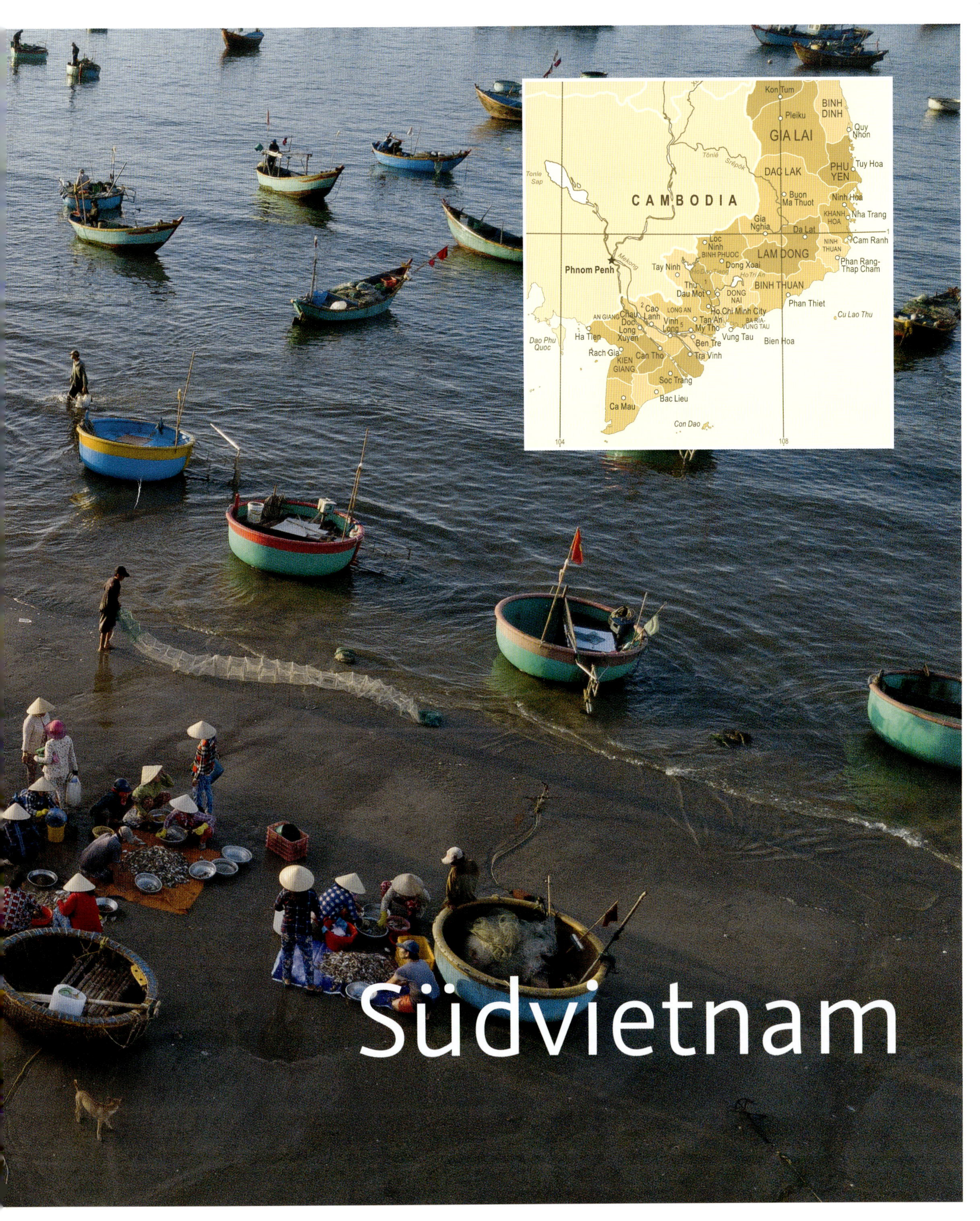

Kon Tum
Pleiku
BINH DINH
Quy Nhon
GIA LAI
Tônlé Srêpôk
Tonle Sap
DAC LAK
PHU YEN
Tuy Hoa
CAMBODIA
Buon Ma Thuot
Ninh Hoa
KHANH HOA
Nha Trang
Gia Nghia
Da Lat
Cam Ranh
Loc Ninh
BINH PHUOC
NINH THUAN
LAM DONG
Mekong
Phnom Penh
Tay Ninh
Dong Xoai
Phan Rang-Thap Cham
Ho Dau Tieng
Ho Tri An
Thu Dau Mot
DONG NAI
BINH THUAN
Phan Thiet
Cao Lanh
LONG AN
Ho Chi Minh City
Cu Lao Thu
AN GIANG
Chau Doc
Vinh Long
Tan An
BA RIA-VUNG TAU
Long Xuyen
My Tho
Ha Tien
Vung Tau
Dao Phu Quoc
Ben Tre
Bien Hoa
Rach Gia
Can Tho
Tra Vinh
KIEN GIANG
Soc Trang
Bac Lieu
Ca Mau
Con Dao
104
108

Südvietnam

Vietcombank
ROLEX
GENERALI
CHỦ TỊCH HỒ CHÍ MINH VĨ ĐẠ
SỐNG MÃI TRONG SỰ NGHIỆP CỦA HÚNG TA

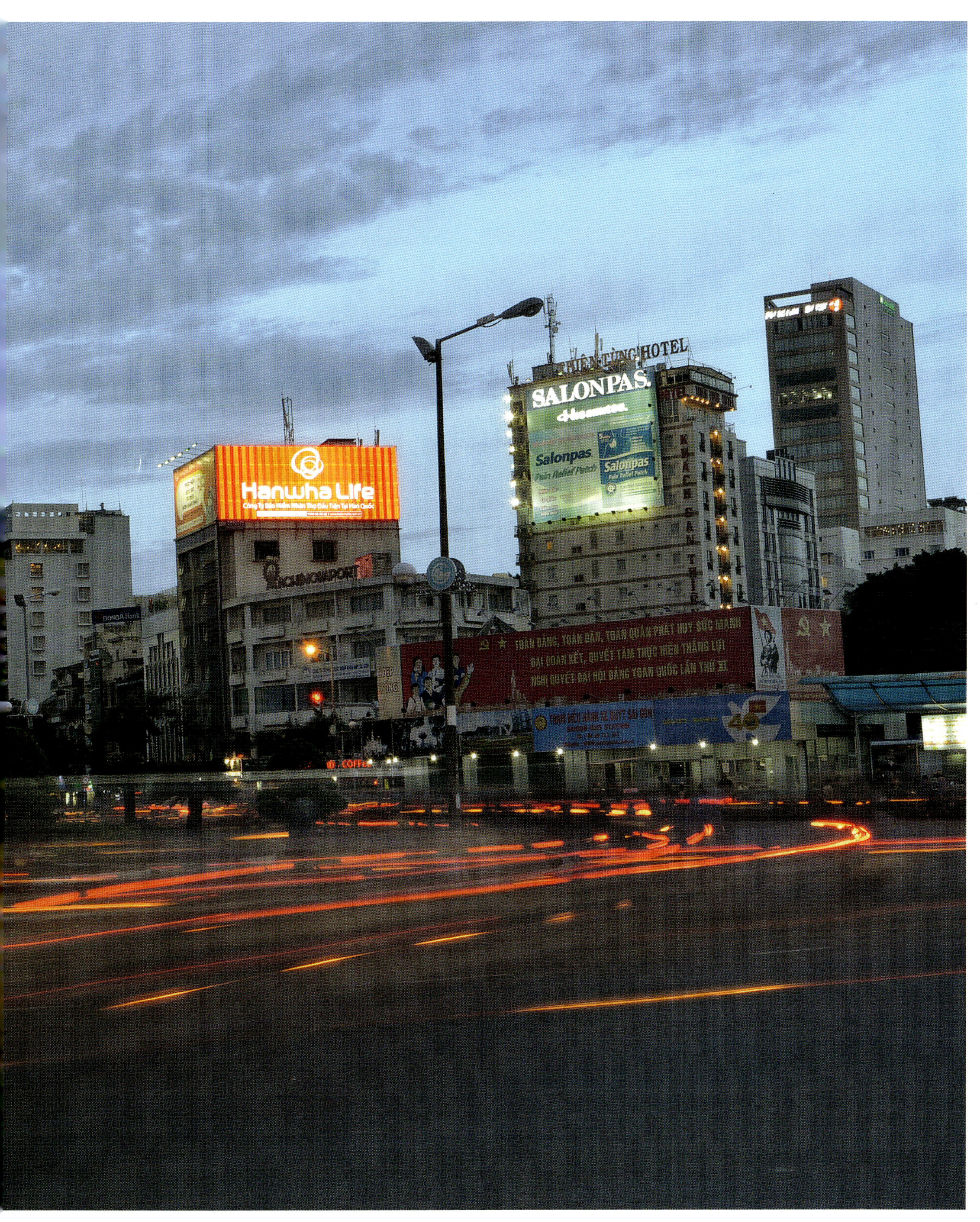
Hanwha Life
SALONPAS.
Salonpas
Pain Relief Patch
HOTEL
TOÀN ĐẢNG, TOÀN DÂN, TOÀN QUÂN PHÁT HUY SỨC MẠNH
ĐẠI ĐOÀN KẾT, QUYẾT TÂM THỰC HIỆN THẮNG LỢI
NGHỊ QUYẾT ĐẠI HỘI ĐẢNG TOÀN QUỐC LẦN THỨ XI
SAIGON BUS STATION

CHUC MUNG NAM MOI
Vietravel

Tet – das Fest des ersten Morgens

Saigon/Ho Chi Minh City

Selfie-Stange an Selfie-Stange, lachende Gesichter, freudige Menschen im Fototaumel, alle scheinen sie hier zu sein. Gefühlt bevölkern die bald elf Millionen Bewohner der größten Stadt des Landes allesamt die Fußgängerzone im Herzen der Stadt, vom Rathaus bis hinunter zum Fluss. Es wirkt so, als ob hier alle Bewohner unbedingt dem Zentrum der Stadt einen Besuch abstatten müssen, dabei sein wollen. Tausende wundervoll gesteckte und arrangierte Blumen, zumeist aus dem vietnamesischen Da Lat, hoch in den Bergen Zentralvietnams und aus dem Mekongdelta, sind hier in einer äußerst pittoresken Blumenschau aufgebaut. Freunde, Familien, Verliebte: sie alle machen hier ihre eigenen Erinnerungsfotos. Aber nicht nur zur Blumenausstellung zwischen Rex-Hotel und Bitexo-Tower, auch in und vor den Tempeln und Kirchen der Metropole kommt der Verkehr wegen der Menschenmassen am ersten Tag des Tetfestes förmlich zum Erliegen. Drei besonders freudvolle Tage stehen der Stadt, stehen dem ganzen Land bevor. Tet wird vom ersten bis zum dritten Tag des ersten Monats nach dem chinesischen Mondkalender gefeiert. Das „Fest des ersten Morgens", wie Tet genannt wird, ist das wichtigste im ganzen Land. Ähnlich dem Weihnachtsfest in unseren Breiten, ist es ein Familienfest. Die Bewohner Ho Chi Minh Citys, oder besser Saigons, bilden da keine Ausnahme. Aber viele sind einst vom Land und aus kleineren Städten in die Metropole gezogen. Nun versucht jeder, spätestens am zeitigen Morgen des zweiten Tages des Tetfestes, hinaus aus der Stadt zu kommen, um die Familie in der Heimat zu besuchen. Die Zeit der ausgebuchten Busse, Züge und Flugzeuge, die Tage der verstopften Landstraßen beginnt. Über Jahre haben die Metropolen Vietnams, vor allem Saigon, Hanoi aber auch Da Nang, die Jugend

Oben: „Onkel Ho“ überblickt bis heute die Postgeschäfte in der restaurierten Schalterhalle der Hauptpost.

Unten: Herr Dong Van Ngo, der letzte der einst fünf staatlichen Briefübersetzer

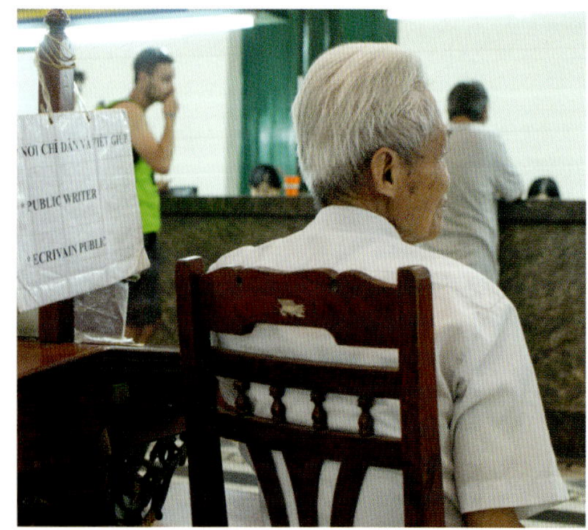

aus dem Land in sich aufgesaugt. Gute Jobs lockten und locken viele hinein in die großen Drei des Landes. Aber jetzt zum Tetfest wollen alle zurück zu den Familien, die teils noch als Reisbauern ihr Auskommen in harter Handarbeit, irgendwo in der vielfältigen, oft wunderschönen Landschaft des langgestreckten Landes erwerben müssen. Sie haben für diese Schönheit meist gar kein Auge oder keine Energie mehr. Die nächsten Tage gehören ihnen und vielerorts ruht die Arbeit. Handel und Gewerbe flauen in diesen Tagen deutlich ab.

Verschiedene Bräuche und Traditionen begleiten das Fest. Nach alter Sitte wird „tien mung tuoi“ verschenkt, Glücksgeld in roten Umschlägen. Dies soll den Beschenkten im neuen Jahr Reichtum und Glück bringen. Zudem soll es böse Geister vertreiben.

In Saigon herrscht ab dem zweiten Tag des Tetfestes plötzlich Ruhe, keine verstopften Straßen, kaum eins der circa acht Millionen Mopeds rast durch die Stadt. Alle scheinen weg zu sein oder zumindest in den Häusern bei ihren Lieben. Langnasen, die sich sonst nicht über die prallvollen heringsschwarmartig wimmelnden Straßen trauen, können diese sorglos überqueren.

Ruhig geht es während der Neujahrstage hier im District 1 und überall rund um die Hauptpost und in ihr zu. Gleich neben der Notre Dame Saigons, einem Sakralbau der Kolonialmacht Frankreich, der nach 17-jähriger Bauzeit 1880 vollendet wurde, steht das liebevoll restaurierte Kolonialgebäude der Saigoner Post. Sie wurde von Alfred Foulhox entworfen, allerdings wird auch oft der Architekt des Eiffelturms, Gustav Eiffel, als Designer erwähnt.

Beide würden sich wohl sehr wundern, dass heute in dem 1891 fertig gestellten Prachtgebäude mit Einflüssen der Gotik und Renaissance, das Portrait Ho Chi Minhs über den Köpfen der Besucher hängt. War der im Lande hochverehrte „Onkel Ho" mit 19 verschiedenen Identitäten zwar bis ins Herz der Kolonialmacht Frankreich, nach Paris gekommen, um dort zu studieren, beschäftigte er sich dort allerdings Jahre damit, seinen Plan eines unabhängigen sozialistischen Vietnams vorzubereiten.

Eine Zeit der großen Veränderung, eine Zeit, die eine der heutigen noch lebenden Ikonen der Saigoner Post miterlebt hat.

Mit über 90 Jahren sitzt an manchen Tagen der Woche immer noch der hochgeachtete Herr Dong Van Ngo in der Post. Freund-

Über viele Jahre übersetzte Herr Dong Van Ngo neben Geschäftspost auch Liebesbriefe vieler binationaler Liebespaare.

lich und ehrfürchtig gegrüßt von den Angestellten und Wachleuten und auch von vielen Reiseleitern, ist der rüstige Senior der letzte der einst fünf staatlichen Briefübersetzer des Saigoner Postamtes. Jahrzehntelang beantwortete und übersetzte er Post von und nach Übersee. Geschäfts-, Handels- und Amtspost aber auch Briefe von Liebenden zwischen Vietnam, Frankreich und den USA. Seine eigenen sechs Kinder, vier Töchter und zwei Söhne, hat der alte Herr über Jahre mit diesem geschätzten Posten finanziert. Tag ein Tag aus kam er mit dem Rad zur Post gefahren. Nun ist er mehr eine lebendige, fast liebevolle museale Institution in der wunderbar restaurierten Post. Was mag er über die Jahre wohl alles erlebt haben? Die ganze Umgebung atmet die Geschichte der letzten Jahrzehnte und Jahrhunderte. Gleich nebenan wurden am 29. April 1975, kurz vor dem Fall Saigons, vom Dach des Fahrstuhlschachtes eines geheimen CIA-Gebäudes die letzten Amerikaner mit einem Helikopter der Air America aus der Stadt ausgeflogen, bevor die Truppen des kommunistischen Nordens die Stadt einnahmen. Dieses Ereignis steht für das mehr als unrühmliche Ende der Amerikaner in Südostasien. Das Foto der Hubschrauberevakuierung des belgischen Fotografen Hubert Van Es gehört zu den bekanntesten Bildern, die das chaotische Ende des Vietnamkrieges, das Ende des amerikanischen Krieges, wie er in Vietnam benannt wird, manifestiert. Irrtümlich als Dach der amerikanischen Botschaft wahrgenommen, steht das Gebäude heute noch als normales, mittlerweile etwas morbides Wohn- und Geschäftshaus im Zentrum der Stadt in District 1. Im Hof des erstaunlicherweise nicht als Museum genutzten Gebäudes parken dutzende Mopeds und ein dunkler Raum führt bis zum Fahrstuhl und damit aufs Dach hinauf. Glücklicherweise öffnet sich heute der Blick in eine friedliche, immer weiter aufblühende Metropole. In den 80er Jahren des letzten Jahrhunderts war der Ausblick sicherlich um ein Vielfaches sorgenvoller. Bis 1975 Hauptstadt des Landes, galt Saigon als der Inbegriff des kolonialen Südostasiens, dem Herzen Indochinas. Verständlich, dass der Sitz der Hauptstadt von den siegreichen Kommunisten sofort in den Norden,

Tausende fröhliche Vietnamesen feiern ihr vietnamesisches Neujahrsfest auch mit dem Besuch der Blumenausstellung im Herzen der Stadt.

Oben: Rauchopfer während des Tetfestes, Thien Hau Pagode in Cholon

Rechts: Tam Son Hoi Quan Pagode in Cholon

hinauf in die Stadt des aufstrebenden Drachens, nach Hanoi, dem alten Thang Long, verlegt wurde. Verständlich auch, dass vor allem hier in Saigon kritisch verklausulierte Nebensätze über den Norden und über die heutige Regierung fallen. Viele Angestellte der Amerikaner versuchten zu fliehen, etliche hatten keine Chance.

Je ärmer, um so schlechter war die Aussicht. Eines blieb auch in der neuen sozialistischen Epoche, die Armen blieben genau das, was sie bereits waren. Wie so oft gab es ganz unten wenig Chance auf Veränderung und sozialen Aufstieg. Einige Menschen mit Beziehungen hatten die Möglichkeit zu fliehen, zu emigrieren zum Beispiel hinüber nach Amerika. Von dort aus unterstützen sie bis heute ihre zurückgebliebenen Familienangehörigen, aber auch buddhistische, christliche sowie caodaistische Glaubensgemeinden in der alten Heimat. Im Fokus stehen hier vor allem die Caodaisten in Tay Ninh. Die Anhänger der 1926 im Süden Vietnams neu gegründeten Universalreligion unterhielten früher sogar eigene Truppen, die an der Seite der Amerikaner kämpften.

脩名不滅其人實合衆心
州閣相望徑懷松菊動鄉心
天后元君
三山會館
福澤流輝身寄椰蕉縈客夢
敦敎九千所言可

Aber all diese Geschichtsverwerfungen des letzten großen Krieges in Vietnam treten zum Tetfestes in den Hintergrund. In den Tempeln im chinesischen Quartier der Stadt, im Saigoner Chinatown Cholon, raucht es ganz mächtig aus riesigen Gefäßen mit Räucherstäbchen und auch von der Tempeldecke verströmen die Räucherspiralen Duft und Rauch im ganzen Tempelbereich. Hier trifft man andachtsvoll zusammen, erbittet den Segen fürs neue Jahr für die ganze Familie und huldigt den Ahnen. Egal ob die Gläubigen im Tempel, die Menschen auf der Straße oder vor der Notre Dame – eines eint an diesen Tagen alle: Überall wird der vietnamesische Neujahrswunsch ausgesprochen. Chuc mung nam moi! Ein frohes neues Jahr!

Links oben: Im Inneren der Phuoc An Hoi Quan Pagode
Links unten: In allen Tempeln und Pagoden Saigons werden Rauchopfer zum Tetfest dargebracht.

Nächste Seite: Einer der atemberaubendsten Ausblicke auf das abendliche Saigon bietet sich von der Chill Skybar.

Kleines Paradies auf den Teufelsinseln

Insel Archipel Con Dao

Nicht nur weil sie so weit vom Festland entfernt sind, heißt es Luft anhalten. 1200 Meter Länge sind es circa und die Hoffnung, dass der Pilot die kleine Maschine sicher auf die kurze Piste bringt und vor allem auch rechtzeitig abbremsen kann. Danach ist die Landebahn, die hier fast identisch mit der Breite der Insel ist, zu Ende. Sandstrand, Flughafenpiste, wieder Sandstrand. Das Ganze passt bei Idealbedingungen genau auf das Landeverhalten einer ATR72 – einer Propellermaschine, die auf so kurzen Start- und Landebahnen abheben und eben auch landen kann und Platz für etwas mehr als 70 Personen bietet. Größere Maschinen, Jets mit Düsentriebwerken haben hier keine Chance und würden baden gehen.

Diese genau 1287 Meter lange Bahn auf zwei Meter Meereshöhe des Flughafen Con Son auf der Insel Con Lon ist die neue Lebensader des Inselarchipels. Sicherlich auch diejenige, die den Tourismus langsam ankurbelt. Zwar legen auch Fährschiffe von Vung Tau ab, diese brauchen aber etliche Stunden bis zu den im Südchinesischen Meer vorgelagerten Inseln. Vor kurzem ist auch eine neue Schnellfährenverbindung auf die Hauptinsel Con Lon eröffnet wurden. Das Con Dao Archipel weit draußen im Meer ist trotzdem immer noch ein kleiner Geheimtipp. Spektakuläre breite Sandstrände an einsamen Buchten, wilde Brandung andernorts, in der Regel glasklares Wasser, dazwischen eine schroffe, fast unzugängliche Bergwelt, locken heute mehr und mehr Neugierige auf die Inseln.

Die unter den Franzosen als Teufelsinseln bekannten berüchtigtsten Gefängnisinseln Indochinas, auf die vor allem politische Gefangene der damaligen Kolonialherren verschleppt wurde, lag jahrelang abseits der öffentlichen Wahrnehmung.

Der Strand Dam Trau Beach am Ende des Rollfelds vom kleinen Flughafen fasziniert mit einem endlos langen und oftmals einsamen Sandstrand.

Heute hat man sie wiederentdeckt, wenn auch ganz anders. Erste edle und teure Ressorts wie das „Six Sence“ bieten dem Jetset der Welt die Möglichkeit, entspannt und unerkannt zu urlauben. Die neuen Edelressorts liegen auf der gleichen Insel, auf der fast alle Gefängnisse der Kolonialzeit erhalten sind. Ein Gang durch diese Museen der französischen Kolonialzeit, zeigt die erschreckende Brutalität der damaligen europäischen Herren.

Am gefürchtetsten waren die „Tiger Cages“, Käfige, in denen die Häftlinge eingepfercht ausharrten und oft verhungerten. Im Jahr 1862 begann die Nutzung einer bis dahin wilden Trauminsel als riesiges Gefangenlager. Die Teufelsinseln wurden zu einem neuen Synonym für den Eingang zur Hölle. Jahrzehntelang gab es hier auf Con Dao nur noch Militär, Gefangene und einige Verwaltungsbeamte. 113 Jahre lang wurden auf der verwunschen schönen Inselgruppe Tausende von Vietnamesen brutal misshandelt, gefoltert und ermordet. Erst waren die Täter französische Kolonialbeamte, später amerikanische und südvietnamesische Militärangehörige. Leidtragende waren immer die unterworfenen Vietnamesen. Erst das Ende des Vietnamkrieges sollte die

Gefängnislager endgültig schließen. Der Friedhof Hang Duong mit seinen unzähligen, namenlosen Grabsteinen zeigt bis heute, wie viele Menschen hier ihr Leben verloren haben. Menschen, denen am Ende keine Identität mehr zugeordnet werden konnte.

Doch was anfangen mit dieser abgelegenen Schönheit mit traumatischer Geschichte? In den vergangenen Jahren begann zunehmend die Förderung des Tourismus. Der Wandel begann mit dem neuen Flughafen mit Asphaltpiste, neuen kleinen Straßen, Ressorts, Pensionen, Homestays. Erste Tauchanbieter sorgen für ein weiter steigendes Interesse an den Inseln. Die sehr seltenen Seekühe sollen bereits im klaren Wasser gesichtet worden sein. Aber auch verschiedene Meeresschildkröten kommen zwischen Mai und September zur Eiablage auf eine der Inseln im Archipel.

Einer der ruhigen, friedlichen, vielleicht auch versöhnlichen Orte auf dieser früheren Insel der Gewalt, ist der kleine buddhistische Tempel Van Son Tu in den Bergen, etwas außerhalb des Hauptortes. Hier im Tempel zu beten, über die schöne Inselgruppe und aufs Meer zu schauen, bringt Ruhe und Frieden und vielleicht auch Versöhnung.

Eines der Gefängnisse auf der Hauptinsel Con Son welches von Franzosen und später Amerikanern von 1860 bis 1975 als Foltergefängnis betrieben wurde. In den berüchtigten „Tigerkäfigen" wurden viele der Gefangenen zu Tode gequält.

KG 30517 TS
KG 60111 TS

Trauminsel auf dem Weg zum Disneyland

Phu Quoc

Ein hölzernes blaugetünchtes Boot auf dem Wasser. Das ist ein Bild, das symbolisch für die größte Insel Vietnams steht. Fischkutter, soweit das Auge reicht; ob im Hafen des Hauptortes, der Insel in Duong Dong oder in den Buchten und Flussmündungen. Fischerboot an Fischerboot, meist schon etwas in die Jahre oder auch in die Jahrzehnte gekommen. Immer noch ist die Fischerei eine der Haupteinnahmequellen der lokalen Bevölkerung hier auf Phu Quoc. Der Straßenmarkt neben dem Hafen in Duong Dong beschert bis heute die einfache Vielfalt aus lokalem Gemüse und frischem Fang direkt vom Fischkutter mit all den Gerüchen Südostasiens. Es ist authentisch, hektisch, vollgepackt, farbig, manchmal gewöhnungsbedürftig, frisch, einfach, einfach überwältigend an Eindrücken und Entdeckungen.

Doch das Leben hier auf der Insel hat sich vom alten oft auch romantisierten Charme Südostasiens längst weiterentwickelt. Spätestens als vor einigen Jahren der Flughafen neu gebaut, die Straßen auf der Insel asphaltiert wurden und als ein schierer Bauboom im Küstenbereich einsetzte. Diese neue Zeit hat noch nicht lange begonnen, aber wie überall in Asien kommt sie, einmal gestartet, mit schnellen und großen Schritten. Über viele Jahre erlebte die 573 Quadratmeter große Insel im Golf von Thailand eine ähnlich schwere Geschichte, ein ähnliches Schicksal, wie das der anderen Inselgruppen im Süden Vietnams, dem Con Dao Archipel. Viele Jahre fristete die Insel als Gefangenlager ein trauriges und dunkles Dasein. Über Jahrhunderte missbraucht als Gefangeninsel war Phu Quoc sicherlich lange Zeit kein einladender Ort. Hier herrschte früher vor allem die Malaria und das Militär.

In Sichtweite vor der kambodschanischen Küste mit dem dortigen Kardamomgebirge gelegen, ist der Nachbar näher als das

Unten: Phu Quoc ist berühmt für seine kilometerlangen Sandstrände.

Rechts: Der Strand Sao Beach mit seinem weißen Sandstrand liegt 25 Kilometer von Duong Dong entfernt.

vietnamesische Festland. Mit diesem Gebirge bildet die Insel auch eine gemeinsame Ökoregion. Die Orte Kampot und Kep an der Küste Kambodschas sind weit über die Grenzen Südostasiens für eine hervorragende Qualität des dortigen Pfefferanbaus bekannt. Vor allem der Pfeffer aus Kampot wird hochpreisig überall auf der Welt in Feinschmeckerküchen verwendet und in Gewürzläden gehandelt. Nur 12 Kilometer trennen Kambodscha und die vietnamesische Insel Phu Quoc. Zwei Länder und recht unterschiedliche Entwicklungen an der Küste.

Wie überall im aufstrebenden Vietnam begann mit rasant steigenden Tourismuszahlen ein Verkauf der besten Strandabschnitte an Investoren. Seitdem herrscht Baulärm und Goldgräberstimmung auf Vietnams Badeinsel. Eine große Bandbreite an Unterkünften ist entstanden: Preisewerte Backpackerhostels, Pensionen bis hin zu Boutiquehotels und Resortanlagen verändern immer schneller das Bild der Insel. Spätestens seit Vinpearl, eine Ressortgesellschaft, die einem vietnamesischen Milliardär gehört, im Nordosten der Insel einen großen Freizeitpark, einen Zoo und die ersten Bettenburgen eröffnet hat, scheint hier nichts

mehr wie es war. Reisebusse voller chinesischer und vietnamesischer Touristen werden zum Tagesamüsement ins Vinpearlland, einem asiatischen Disneyland, hergebracht und erleben die Insel genau nach der Planung der modernen Touristiker rund um den Erdball. Wo man ist, ist eigentlich egal – der Fun-Faktor muss stimmen.

Nachhaltig ist dieser Tourismus kaum, verbraucht er doch sehr schnell die örtlichen Ressourcen und bringt, wie überall auf der Welt, Probleme in der Müllentsorgung, in der Trinkwasserversorgung und im natürlichen Gleichgewicht der Natur. So werden die Strandabschnitte zugebauter, hektischer und sicherlich auch schmutziger. Der vielleicht schönste Strand der Insel Sao Beach im Südwesten wird schon heute oft durch die Hotelanbieter gereinigt, da das Meer immer wieder Müll und vor allem Plastik anspült.

Die Plastikbelastung der Meere macht auch den Fischern auf Phu Quoc, die einen Teil ihres Fangs an die Fischsoßenhersteller der Insel verkaufen, zu schaffen. Fischsoße, vietnamesisch Nuoc Mam, zählt zu den ältesten Würzsoßen der Welt. Die traditionelle Herstellungsmethode hier auf Phu Quoc, genau wie auch überall sonst im Land, beruht auf einer mehrere Monate dauernden Fermentation. Die Fische, meist kleine Anchovis, aber auch andere Fische, werden eingesalzen und in große Holzbottiche oder Steingefäße gelegt und abgedeckt. Durch Enzyme und Mikroorganismen beginnt die Fermentierung, die zu einer Hydrolyse des Fischproteins führt. So entsteht über Monate die bekannte Würzsoße, die an fast jedes vietnamesische Gericht gehört. Neben der Fischsoße gibt es hier aber auch ein anderes geschätztes Gewürz. Der Pfeffer von Phu Quoc ist zwar nicht so bekannt wie der vom kambodschanischen Küstengebiet um Kampot, gut ist er aber trotzdem. Die Bauern der Insel mit ihren Pfeffer- und Gemüsefarmen profitieren mittlerweile auch vom steigenden Tourismus. Immer mehr Besucher der Insel halten bei individuellen Ausflügen auch auf den Farmen und können selbst eine Pfefferplantage erleben. So können sie den hier angebauten und getrockneten Pfeffer direkt von den Bauern auf Phu Quoc erwerben. Zumindest da funktioniert dann der kurze und nachhaltigere Weg der Direktvermarktung.

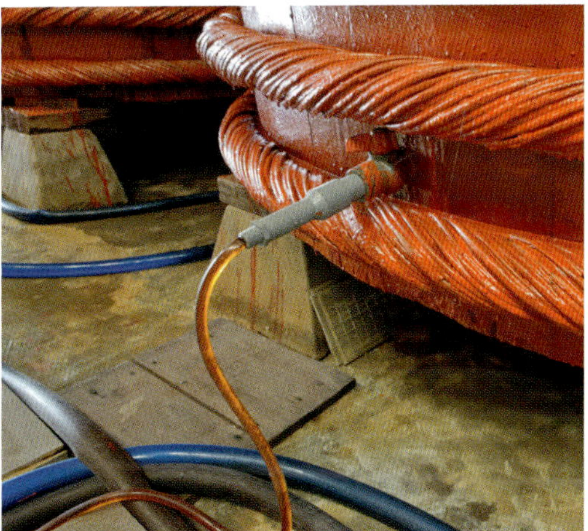

Einige der Fischsoßen der Insel Phu Quoc zählen neben denen aus Phan Thiet zu den besten des Landes. In einem monatelangen Fermentationsprozess werden aus kleinen Anchovis die beliebten Fischsoßen Nuoc Mam.

Bauern der Insel Phu Quoc profitieren heute vom wachsenden Tourismus und laden Reisende zum Besuch in ihrer Pfefferpflanzungen und zum Direktverkauf des schwarzen und weißen Pfeffers ein.

In Tay Ninh wurde der Haupttempel der Religionsgemeinschaft der Cao Dai errichtet. 1926 als Universalreligion im Süden Vietnams vom Gouverneur der Insel Phu Quoc gegründet, finden sich die Cao Dai Tempel heute im ganzen Land. Die Gelehrten tragen verschieden farbige Gewänder. Dabei steht die Farbe Gelb für Buddhismus, Blau für den Taoismus, Rot symbolisiert den Konfuzianismus und Weiß steht in Verbindung mit dem Christentum. auch Novizen tragen weiße Gewänder.
Die große Halle führt über die neun Ebenen des geistlichen Stufenwegs zu den Stühlen der führenden Kardinäle und des Papstes. Dahinter wird auf einem großen himmlischen Globus im Altarraum das Cao Dai-Auge dargestellt. Das Symbol für das höchste
Wesen, das Auge Gottes, wird verehrt.

Frische Nudeln aus der Reiskammer Vietnams

Mekong-Delta

5 Uhr morgens, fast 30 °C, noch steht die Sonne niedrig über der tellerflachen Landschaft im Mekongdelta. Warmer Dunst steigt auf und vermischt sich mit wohlriechendem, ganz leicht süßlichem Nebelrauch.

Beides steigt aus den sattgrünen von kleinen Wasserkanälen umzingelten Wiesen und Nassreisfeldern der Sonne entgegen. Frische Nudelfladen in der Größe von runden Kaffeeserviertabletts liegen auf Bastgeflecht zum Trocknen auf hüfthohen Bambusstangen. Phong legt etliche der Bastgeflechte mit je fünf bis sechs Nudelfladen auf die Trockengestelle im Mekongdelta. Er arbeitet schon seit Jahren hier außerhalb von Can Tho im Delta. Schon ab 4:30 Uhr morgens werden die Öfen der kleinen Reisnudelmanufaktur angeworfen. Genährt nicht von Holz, sondern von den Textilabfällen aus den großen Nähereien im circa 20 Kilometer entfernten Can Tho, die Metropole und größte Stadt im Mekongdelta. Aber auch das Reisspreu der Reisbauern lässt die Temperaturen der Öfen oder Feuerstellen auf ein fast unerträgliches Maß in die Höhe schnellen.

Beide Abfallprodukte, Textilreste und Reisspreu, sind hier in einem der flächenmäßig größten Flussdeltas der Welt deutlich günstiger zu haben, als teures Holz als Brennmaterial. Allein elf Provinzen umfasst die südliche Reiskammer Vietnams. Der Mekong, der sich in viele große Flussarme aufzweigt und durch abertausende kleine Kanäle miteinander verbunden wird, bringt sein Schwemmmaterial auf seinem über 4400 Kilometer langen Weg von den hohen Bergen Tibets durch China, Myanmar, Laos, Kambodscha bis hinunter nach Vietnam. Auf seiner Reise fließt er über 5300 Höhenmeter hinab. Reichhaltig Sedimente im Gepäck hat die Mutter aller Wasser, wie die Laoten den Fluss nennen.

Oben: Zu fünf Kilogramm als Packen in Papier eingewickelt und verschnürt, werden die frischen Reisnudeln überall im Mekongdelta verkauft. Auf den Booten findet sich alles, was man braucht.

Auch durch das feuchtwarme Klima im Süden Vietnams und die guten Böden kann im Idealfall dreimal jährlich eine Reisernte eingebracht werden. Kein Wunder also, dass hier 16 Millionen Tonnen Reis pro Jahr geerntet und zum Teil weiterverarbeitet werden.

Ein klitzekleiner Teil dieses Reises wird zermahlen, mit Wasser und etwas Weizen vermengt und zu frischen Nudeln weiterverarbeitet. Frisch, ohne Zusätze, ohne Chemie und in klassischer Handarbeit. Jeden Tag aufs Neue löffeln die Arbeiterinnen die dicke Reismehlsuppe mit großen Kellen auf die angeheizten Platten und backen bzw. dämpfen sie zu einem dünnen Nudelteig. Jahraus, jahrein werden am zeitigen Morgen hunderte Reisnudelfladen hergestellt. In der Regenzeit 500, in der Trockenzeit circa 800 bis 1000 jeden Tag. Einzig ausgenommen die wenigen arbeitsfreien familiären Feiertage um das Tet-Fest, dem vietnamesischen Neujahrsfest. Dann ruht auch im Mekongdelta die Arbeit.

Klingelt in der dampfend heißen Hütte das Telefon, geht höchstwahrscheinlich eine Nudelbestellung ein, dann werden auch die großen alten Schneidemaschinen angeworfen. Natürlich mittlerweile mit elektrischem Strom, nicht mehr handbetrieben, werden die Nudelfladen erst im letzten Moment vor der Auslieferung geschnitten. So kommen die Nudeln extrem frisch im Papierpaket zu jeweils fünf Kilogramm verschnürt an die Kunden. Das mögen Restaurants, Hotelküchen und Privatleute, aber vor allem auch Händlerinnen sein. Händlerinnen, die mit ihren Booten anlegen und die großen Nudelpacken weitertransportieren zu den bekannten schwimmenden Märkten im Delta. Einige der Märkte davon sind groß und bedeutend auf den Hauptarmen des Mekongs, wie der bei Can Tho. Hier wird von großen Barken heraus verkauft. Alles was aus dem Delta kommt, hier angebaut wird, wird gehandelt. Tonnen an frisch geerntetem Obst, Gemüse, Reis, Fleisch und eben auch Nudeln. Von den großen Booten übernehmen die Waren immer kleiner werdende „schwimmende Supermärkte" bis zum kleinen „schwimmenden Tante-Emma-Laden" auf dem Wasser, der dann auch noch in die kleinsten Kanäle vordringt. Jeder mit einem kleinen Anteil Gewinn. Ein perfekt dem Lebensraum angepasster Wirtschaftskreislauf.

Neben den Verdienstmöglichkeiten für viele größere und kleinere Händlerinnen gibt es aber auch andere positive Begleiterscheinungen. Frische, möglichst direkt gehandelte Lebensmittel haben einen großen Stellenwert für viele Vietnamesen. Ware in den Supermärkten gilt nicht als frisch. Als frisch zählt nur, was direkt vom Feld aufs

Von großen Holzbarken herab werden auf den bekannten schwimmenden Märkten von Cai Rang Gemüse und Früchte des Mekongdeltas gehandelt. Später landen viele dieser Produkte auf den kleinen Händlerinnenbooten, die in den Kanälen gleichzeitig eine Art „Informationsnetzwerk" bilden.

Boot und vom Wasser aus wieder weiter zu den Konsumenten an Land kommt. Ziemlich einhellig und deutlich ist die Meinung vieler Vietnamesen im Delta, dass industriell hergestellte Lebensmittel in Plastik eingeschweißt, keinesfalls gesund sein können. Schmackhaft meistens auch nicht. So verwundert es nicht, dass hier im Mekongdelta die Speisenvielfalt vor allem über die reichhaltigen frischen Gemüsesorten, Pilze, Sprossen und Früchte geprägt wird. Hinzu kommen Süßwasser- und Salzwasserfische und Meeresfrüchte. Auch die Nudelsuppen im Mekongdelta, die Pho, sind köstlich und wer weiß, vielleicht hat ja genau die Nudeln in einer dieser Suppen, Herr Phong vorher an einem warmen dunstigen Morgen kurz nach Sonnenaufgang auf eines der Trockengestelle im Mekongdelta ausgelegt. Eingewickelt und verschnürt, finden die frischen Reisnudeln ihren Weg auf die schwimmenden Tante-Emma-Boote, die die kleinen Ortschaften an den Kanälen mit Lebensmitteln versorgen.

CK
Calvin klein
SINCE : 2016

Links: Auf kleinen Booten kommen die Bewohner durch die Kanäle, vorbei an den hier angebauten Wasserkokospalmen bei My Tho.

Unten: Im Mekongdelta siedelten über viele Jahrhunderte auch die Khmer. Sie haben ihre Tempelarchitektur aus Kambodscha mit hinein ins Flussdelta gebracht.

Das Geschäft mit den kleinen Fischen

Phan Thiet/Mui Ne

Rostige Modelle amerikanischer und russischer Lastwagen stehen nebeneinander herum oder wühlen sich durch den feinen gelben Sand. Eine breite sandige Auffahrtpiste, an der hunderte Mopeds oft unter einfachen Bambusgestellen als Sonnenschutz geparkt sind, führt hinauf zu der kleinen asphaltierten Straße. Hinter mannshohen Kakteen, die hier im heißen Klima ihre langen Dornen auswachsen, stehen bereits die ersten großen Trockengestelle aus ausgeblichenen Holzrahmensieben. Daneben große Wellblechhütten.

Über dem ganzen Küstenszenario, das fast einer Retrofilmkulisse ähnelt, hängt ein schwerer Duft. Dicht und voll liegt er aufgeheizt von der fast immer scheinenden Sonne über allem. Es riecht nach Fisch, im Speziellen riecht es nach sehr kleinem Fisch. Dieser wird hier direkt an den Strand angelandet. Draußen in der Bucht liegen hunderte Fischerboote vor Anker. Ein riesiges blau angepinseltes Meer aus alten Fischereiholzkähnen bestimmt das Bild. Aber nicht nur die Boote, auch und vor allem die kreisrunden kleinen Zubringerboote sorgen für eine skurrile und ungewohnte Szene.

Unter den Franzosen wurden koloniale Zölle auf alles gelegt, was das Leben bestimmte, so auch auf die Fischerboote. Erfindungsreich bauten die Vietnamesen nun keine kleinen Langboote mehr, sondern kreisrunde riesige schwimmende Schüsseln, die nicht unter die Steuer fielen. Bis heute ist das Aussehen so geblieben. Nicht schnell und nicht wirklich wendig sind sie, dafür lässt sich aber so Einiges damit transportieren. Bis zu 50 Bastkörbe voll mit kleinen Sardellen und Trockeneis werden pro Tour mit diesen runden Booten von den Fischkuttern zu den rostigen Transportoldtimern an den Strand gebracht. Dort wird geprüft,

Viele Stunden sitzen die Frauen an der Küste und waschen, reinigen und wiegen den neuen Tintenfischfang. Dieser wird in der Regel direkt am Strand gehandelt und weiterverkauft.

Rechte Seite: Mit großen runden kiellosen Nussschalenbooten wird der Fang von den Fischkuttern an Land gebracht.

verkauft und in den Büchern aufgelistet und danach sehr schnell verladen.

Mit großen Rußwolken mühen sich die betagten Fahrzeuge den Sandweg hinauf an die Straße. Von dort geht es weiter zur jeweiligen Fischweiterverarbeitung. Kilometerweit puzzeln sich Trockensiebe an Trockensiebe wie riesige Flickenteppiche aneinander. Auf kleinen hölzernen Gestellen liegen diese Rahmen und die Sonne besorgt den größten Teil der Trocknungsarbeit. Ganz klar, dass hier ein schwerer Geruch von trocknendem Fisch als geballter Geruchscocktail in die Nase steigt. In benachbarten dunklen Wellblechhütten stehen Maschinen bereit. Denn verpackt wird die getrocknete Sardelle in der Regel kopflos. In riesigen Pappboxen oder in noch größeren Säcken werden die nun nur noch wenige Gramm wiegenden Trockenfische zur Weiterverarbeitung geschickt. Bei den Asiaten sind sie sehr beliebt als Snack für Zwischendurch.

Für andere angelandete Fische geht es hingegen gleich vor der Trocknung in die Fischsaucenfabriken von Phan Thiet oder anderswo. Was wäre die Küche Vietnams ohne die Zutat Fisch-

16

soße? Fischsoße aber einfach nur als das Maggi Südostasiens einzuordnen, wäre einigermaßen fatal. Etliche verschiedene Fischsoßen sind auf dem Markt. Die Preise und der Geschmack variieren. Nur wenige Kilometer weiter in Phan Thiet entsteht über einem monatelangen Fermentierungsprozess eine der bekanntesten Fischsaucen Vietnams. In großen Lagerhallen stehen etliche riesige Tanks, in denen sich bei fast 40 °C die kleinen Sardellen ins ewige Jenseits einer dunklen schweren Fischsauce auflösen. Erst nach langer Zeit beginnt die Abfüllung der vietnamesischen Nuoc Mam. Neben den weltbekannten Soßen aus Phan Thiet finden sich in guten Märkten aber auch einige hochqualitative Hersteller der Insel Phu Quoc wieder. Dort haben durch den gewachsenen Tourismus die Besucher heute auch die Chance, in eine dieser Fischsaucenfabriken hineinzuschauen. Auf jeden Fall ein geruchsintensiv-bereicherndes Erlebnis.

Von der großen Bucht um Mui Ne sind es nur noch etwa 200 Kilometer bis nach Ho Chi Minh City. Vielleicht liegt es auch daran, dass der wunderbare weiße Sandstrand schnell attraktiv für Touristen wurde. Neue eröffnete Kiteschulen, Bungalowunterkünfte, Ressorts, Hotels sind die stetigen Veränderungen der letzten Jahre. Unschwer zu erkennen ist auch der Einfluss vieler russischer Reisenden in Mui Ne.

Die Besucher Mui Nes finden sich recht selten bei der Anlandung der Sardellen am Morgen oder beim Tintenfischverkauf am Nachmittag. Früh morgens zwischen vier und fünf Uhr kommen die Fischer mit ihren hellbeleuchteten Kuttern zurück in die Bucht von Mui Ne. Steigt um diese Zeit die Sonne grellorange aus dem Meer, dann erwacht der pure und doch auch authentische Mythos Südostasiens für jenen, der sich die Zeit hier früh am Morgen nimmt.

Viele der Besucher treffen sich bei Sonnenauf- und Untergang vor allem an den roten oder weißen Dünen, etwas entfernt vom circa 15 Kilometer langen touristisch genutzten Küstenabschnitt. Faszinierend sind die Lichtstimmungen allemal, wenn auch kaum mehr meditative Stille aufkommt. Sandboarden, Wüstenrennen mit Squads und alten Jeeps verwandeln die Dünen schon morgens in einen Spielplatz der erwachsenen Reisenden aus aller Welt.

Für die Fischer des ehemaligen kleinen Ortes bleibt der Morgen das, was er immer war: etwas kühler als der Rest des Tages und arbeitsreich. Für die Reisenden, die nach Mui Ne kommen, ist es die individuelle Entscheidung, den Blick hinein in den Alltag der Fischer oder den Blick in die Welt der Dünen zu werfen. Wer beides erfährt, war wirklich hier.

Der in großen Mengen gefangene Fisch wird in den Fischerdörfern direkt an der Küste luftgetrocknet und gilt später als beliebter Snack.

Zentralvietnam

Das Rong-Haus – Zentrum eines Dorfes

Kon Tum

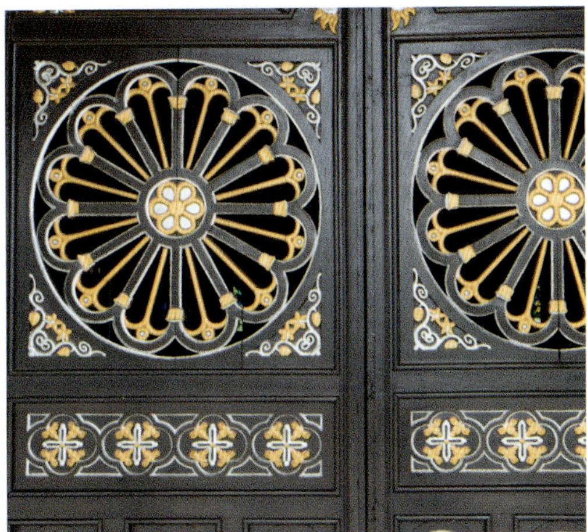

Berge, kleine Straßen, noch kleinere Dörfer und Siedlungen. Ab und an bestehen diese nur aus einfachen Bambushütten, gedeckt mit trockenen Palmenwedeln oder Reisstroh. Auf dem alten Ho-Chi-Minh-Pfad führt heute auch eine moderne breit ausgebaute Straße in die abgelegene Bergwelt zwischen Laos, Kambodscha und Vietnam. Dort wo im Vietnamkrieg der Nachschub für den Vietcong aus dem kommunistischen Norden in den Süden unter größten Strapazen und Verlusten in die großen Untergrundbasen gelangte, setzt heute an der Nationalstraße N14 die Entwicklung, die das ganze Land in die Zukunft wirft, rasant ein.

In Pleiku und in Kontum stehen am gut ausgebauten Ho-Chi-Minh-Highway ebenso viele Gerüste und Kräne wie im ganzen Land. Und doch tickt das Ganze hier, weitab von fast allem, anders als zum Beispiel an der vietnamesischen Küstenlinie. Mitten in den Bergen des zentralen Hochlandes liegen die beiden Städte Pleiku und Kontum. Die Grenzübergänge hinüber nach Ratanakiri, Kambodschas wilde Nordostprovinz, bis heute Heimat vieler kleiner indigener Gruppen und Ethnien im Dschungel, befinden sich hier. Über einen kleinen Grenzposten kommt man von Vietnam zur nördlich gelegenen laotischen Provinz Attapeu. Laos ist immer noch eines der authentischsten, aber auch gleichzeitig eines der ärmsten Länder Südostasiens ohne eigenen Meereszugang.

Obwohl die Ortschaften über die internationalen Grenzen hinweg nicht weit voneinander entfernt liegen, die wilde undurchdringlich scheinende Bergwelt und die schlechten Straßen tun ihr übriges, wird der Verkehr auf eine Durchschnittsreisegeschwindigkeit von deutlich unter 20 Kilometer pro Stunde gebremst.

Von Attapeu im benachbarten Laos aus hinauf in die Berge nach Vietnam staut es sich auf der zerfahrenen Bergstraße über

etliche Kilometer. Ein Urwaldriese nach dem anderen, aufgeladen auf die großen schweren Steyr LKW der Spedition Hagl, verlässt das arme Land Laos hinein in die Bauboomwirtschaft Vietnams. Ein Wald nach dem anderen wird geplündert, sowohl Laos als auch Kambodscha verlieren dadurch riesige Flächen an wichtigem Primär- aber auch Sekundärwald. In Kambodscha aber auch in Laos breiten sich dafür die riesigen Gummibaumfarmen zur Naturkautschukgewinnung vietnamesischer und französischer Investments aus. Arbeit ist hier noch um ein Vielfaches billiger als in Vietnam selbst.

Am Transport und Handel verdienen, wie sollte es anders sein, auch die Europäer mit. Selbst wenn der Einfluss alter Kolonialtage vorbei ist, sobald sich schnelles Wachstum ankündigt, ziehen sowohl Europäer als auch Amerikaner mit ihren Wirtschaftlern los und unterbreiten Angebote, genau zugeschnitten auf die Bedürfnisse der jeweils Entscheidenden.

Schon lange ist der Einfluss Frankreichs, beginnend mit den katholischen Missionaren, spürbar. In dieser einst wilden und abgelegenen Dschungelregion stehen seit indessen zwei Jahrhunderten Missionskirchen für die indigenen Bewohner der eigentlich animistisch geprägten Montagnards. Dieser französische Begriff, durch die Kolonial- und Missionsherren selbst vergeben, sollte die verschiedenen Bergvölker unter einem Begriff zusammenfassen. Gerecht wird es den vielen kleinen indigen Gruppen nicht. Ähnlich wie auf kambodschanischer Seite setzt sich die Bevölkerung einem Puzzle gleich aus verschiedenen Bergstämmen zusammen.

Eine Besonderheit ist der Aufbau der kleinen Dörfer. Bedeutsam hier sind die besonderen großen Ronghäuser. Große schwere hölzerne Stehlen tragen die hohen bambusgedeckten und mit Bambusgeflecht verkleideten Häuser. Einst als Schutz vor Elefanten und wilden Dschungelraubtieren konzipiert, bestimmen diese immer noch das Zentrum eines Dorfes. Daneben gesellt sich in der Regel eine christliche Missionskirche. So stand direkt neben dem Ort, an dem Recht gesprochen wurde, eine katholische Missionszelle. Die Ronghäuser dienen heute noch als Versammlungsplatz der Dorfgemeinschaft, als Schulraum und als wichtiger Sozialpunkt in der jeweiligen Siedlung, wo Klatsch und Tratsch ausgetauscht wird. Die Dächer sind oft mit einer in den Bambus passend gewebten Musterung verschiedener Rhomben und Dreiecke versehen. Muster und Schnitzereien im Holz und auf dem Dachfirst beschwören die Faszination einer wenig bekannten Mythenwelt der Bewohner herauf.

Weltkulturerbe an der Seidenstraße

Hoi An

Wo, wenn nicht hier? Wann, wenn nicht am frühen Morgen oder am Abend nach Sonnenuntergang zur blauen Stunde? Dann erwacht der Mythos Südostasien. Er steigt förmlich aus dem Fluss Thu Bon. Gelb getünchte Häuser, schmale Gassen, historische Gebäude in einer enormen Dichte. Tempel, Händlerhäuser, alles scheint hier Geschichte zu atmen. Hoi An. Die kleine Küstenstadt in Zentralvietnam mit einer langen Geschichte.

Schon im 4. Jahrhundert unter dem Reich der Cham gegründet, entstand hier über die Jahrhunderte ein reger Hafen, der den Handel in Südostasien bedeutsam prägte. Sowohl japanische als auch chinesische Händler benutzen den Hafen an der vietnamesischen Küstenlinie in Zeiten der eigenen Landesabschottung. So konnte der historisch an der Seidenstraße des Meeres gelegene Ort zum größten und wichtigsten Seehandelspunkt in Südostasien aufsteigen. Wie überall an wichtigen historischen Handelspunkten kam Entwicklung und Geld und die damit verbundene rege Bautätigkeit. In der Stadt siedelten schlussendlich auch viele der Händler aus Japan und China. Das heutige Wahrzeichen der Stadt, die japanische Brücke, teilte damals die Stadt in die japanische und die chinesische Wohngegend. Die Brücke Chua Cau, die einen kleinen Nebenfluss des Thu Bon mit ihren 18 Metern Länge überspannt, wurde bereits zwischen 1593 und 1595 errichtet. Nach mehrfacher Zerstörung geht ihr heutiges Aussehen aber zurück ins Jahr 1763. Auch europäische Handelsdelegationen eröffneten Dependancen, die jedoch nicht von wirklichem Erfolg gekrönt waren. Chinesische Händler erbauten mehrere Versammlungshallen im alten Hoi An. Die kantonesische Versammlungshalle wurde im späten 18. Jahrhundert von chinesischen Immigranten aus der Region

Oben: Die Phuoc Kien Versammlungshalle der Chinesischen Kongregation aus Fujian

Unten: Eine klassische Pho Ga, Reisnudelsuppe mit Huhn

Nächste Seite: Hoi Quan Quang Trieu, die kantonesische Versammlungshalle

Guangdong, ehemals Kanton errichtet. Einzelteile des Gebäudes wurden in China angefertigt und dann zum Zusammenbau nach Hoi An transportiert.

Der Quan-Cong-Tempel, nach einem alten chinesischen General der Han-Dynastie benannt, wurde im Jahr 1653 errichtet und musste mehrmals wiederaufgebaut werden. Wie viele andere historische Gebäude von Hoi An hat auch der Quan-Cong-Tempel sein Erscheinungsbild des ursprünglichen Bauwerks größtenteils bewahrt. Er gilt als einer der schönsten Tempel Hoi Ans.

Eine wunderbare Mischung von chinesischer, japanischer, vietnamesischer und kolonialer Architektur ist so über Jahrhunderte gewachsen und steht seit 1999 unter UNSESCO Weltkulturerbe.

Heute ist Hoi An das, was Lijiang in der südostchinesischen Provinz Yunnan der benachbarten Volksrepublik China ist. Eine romantisch verklärte Projektionsfläche, die Hochzeitspaare und Verliebte zu romantischen Reisen und Fotopunkten führt. Hoi An wird als eine, zumeist sogar auch als die schönste Stadt Südostasiens gehandelt. Dadurch, dass die Eisenbahnlinie 1930 einfach an der Stadt vorbei gebaut wurde, konnte sie sich ihren Charme

悠久

vergangener Tage erhalten. Umso mehr zieht sie heute die Besucherströme an. Spätestens am Abend, wenn die Sonne tief steht, die kleinen Gassen in der Altstadt für den Verkehr gesperrt sind und die ersten Seidenlaternen, die hier in der Stadt in Handwerksbetrieben und Manufakturen entstehen, angeschaltet oder entzündet werden, breitet sich eine besondere Stimmung aus.

Ein abendliches farbiges Lichtermeer erhellt die wunderbaren gelb und blau gestrichenen Häuser. Cafés, Galerien, Restaurants und Bars locken die Besucher hinein ins alte Hoi An. Am Thu Bon Fluss hocken Verkäuferinnen mit ihren schwimmenden Kerzenlichtern, die sie geschäftstüchtig den Besuchern aus aller Welt anbieten. Gegen Aufpreis werden diese von ihnen aus Langboten aufs Wasser des Flusses gesetzt oder die Käufer sitzen fürs Foto gleich noch mit im Boot. Klar, dass Romantiker hier keine Chance haben, zu widerstehen. Sicherlich ist die Altstadt von Hoi An heute eine, die den Touristen und den Händlern gehört. Ein kleiner, durchaus reizvoller Kokon einer vergangenen Epoche, vielleicht aber auch ein Disneyland einer früheren Zeit. Hoi An gilt aber auch als die einzige Stadt Vietnams, die von den bitteren Zerstörungen im Vietnamkrieg verschont wurde.

Vor den Toren der Stadt liegen die Gemüsegärten und Reisfelder der bäuerlichen Bewohner. Reizvoll auch hier ein Spaziergang oder eine Radtour, die bis hinüber an die Küste zum Cua Dai Strand führen kann. Ein heller weißer Traumstrand, der allerdings von den vergangenen Taifunen stark abgetragen wurde. Den Sand, den sich das Meer bis heute vom Traumstrand holt, lagert es anderswo ab.

So verging die Blütezeit Hoi Ans, als der Hafen der Stadt immer mehr versandete. Die Handelsschiffe, die über die Jahrhunderte immer größer geworden sind, fanden im benachbarten Hafen von Da Nang bessere Möglichkeiten und Bedingungen vor und so verblasste der Glanz Hoi Ans spätestens als die Franzosen im 19. Jahrhundert Da Nang zur Hauptstadt des französischen Protektorates Annam machten.

Hoi An zeigt seinen ganzen Reiz am frühen Abend. Mit Sonnenuntergang werden viele der in Hoi An hergestellten Laternen angezündet. Am Fluss Thu Bon als auch in den Gassen der Stadt breitet sich ein wunderbar farbiges Lichtermeer aus.

Nächste Seite: Der Strand Cua Dai liegt nur wenige Kilometer außerhalb des Stadtzentrums und ist auch gut per Fahrrad erreichbar.

Traumstrände, heilige Grotten, moderne Drachen

Von Hoi An nach Da Nang

Auf kaum einer anderen Strecke lässt sich innerhalb einer so kurzen Distanz so viel Geschichte und Unterschiedlichkeit in Vietnam erleben wie auf den Kilometern zwischen Hoi An und Da Nang.

Wer zeitig am Morgen aufsteht, schafft es, an nur einem Tag eine Reise durch die Jahrhunderte in nur wenigen Stunden zu absolvieren. Auf einer gekonnten Route zwischen Hoi An bis hinauf nach Da Nang geht es hinein in die untergegangene Welt der Cham in die Tempelstadt My Son, in die spirituellen Höhlen bei Da Nang in den Marmorbergen und hinein ins pulsierende Herz der drittgrößten Stadt des Landes. Hinein ins aufstrebende Da Nang mit dem größten Buddha des Landes auf der Son Tra Halbinsel.

Gemächlich beginnt der Morgen am wunderbaren Cua Dai Strand. Ganz ruhig ist es hier allerdings nur selten. Irgendjemand hat immer bereits etwas zu tun. Lange bevor die ersten Badegäste am postkartenschönen Strand erscheinen, tut sich einiges. Im salzigen Meer stehen mehrere Menschen und ziehen etwas über den Meeresboden. Dick eingehüllt in Arbeitskleidung, die Gesichter mit Tüchern und Reisstrohhüten verhüllt, die Arme unter langen Hemden versteckt, trotzen sie den gnadenlosen Strahlen der schnell aufsteigenden Sonne und verbringen Stunden im Salzwasser. Sie ziehen ihre Netze, um die Muscheln vom Meeresgrund einzusammeln. Eine mühsame Arbeit mit wenig Verdienstaussicht.

Vor den Toren Hoi Ans werden die Reisfelder bearbeitet und die Gemüsegärten gepflegt wie überall im Land. Nur wenige Kilometer von der ehemaligen größten Hafenstadt Südostasiens entfernt, eine Fahrt von etwa zwei Stunden, liegt die einst vergessene Tempelanlage von My Son. Während der Blütezeit des Reiches der Cham, ungefähr im zweiten bis dritten Jahrhundert, wurde hier eine Tempelanlage errichtet. Stark durch Indien beeinflusst, entstanden

Oben: Moosbewachsene verfallene Ruinen der Tempelstadt My Son

Unten: Steinfreske in der Tempelstadt My Son

Rechts: Buddhistischer Mönch in der Tam Thai Pagode

hier Tempel, die hinduistisch verehrt worden. Nach dem Untergang des Cham Reiches geriet die Anlage in Vergessenheit. Der Dschungel holte sich, ähnlich wie im benachbarten Kambodscha um Angkor, der größten Tempellandschaft unserer Erde, alles zurück. Die Ruinen der zumeist turmartig erbauten Tempel wurden Jahrhunderte später durch Franzosen wiederentdeckt, ausgegraben und freigelegt. Die systematische Erforschung von My Son begann 1899 durch den französischen Archäologen Henri Parmentier. In dieser Zeit lokalisierte er 71 Tempel. Ein ausgeklügeltes System mit einer Einteilung von 14 Gruppen, versehen mit Zahlen- und Buchstabenkombinationen, entstand. In Gruppe A sind hauptsächlich Steinreliefs zu sehen, die Besonderheit von Gruppe B ist ein eindrucksvolles Steintor, Gruppe C zeigt kunstvolle Cham-Motive in den Ziegelwänden und in Gruppe D gibt es den Stelenhof mit den Opfertafeln zu bewundern. Die später im Vietnamkrieg beschädigte Anlage gilt auch als Symbol des hinduistischen Kulturaustausches. Nicht nur in Kunst und Architektur, auch in den Glaubensvorstellungen wurde vieles von Indien beeinflusst, so zum Beispiel die Verehrung des Hindu-Gottes Shiva. Seit 1999 steht auch My Son unter UNESCO Weltkulturerbe.

Buddhistisch geht es heute hingegen wieder in den Grotten der Marmorberge im Süden Da Nangs zu. Einst vor den Toren der Stadt gelegen, hat die wachsende Stadt ihre Arme längst um die fünf prägnanten Landschaftserhebungen geschlungen. Die Marmorberge Ngu Hanh Son wurden nach den fünf Elementen Kim (Metall), Thuy (Wasser), Moc (Holz), Hoa (Feuer) und Tho (Erde) benannt. Die fünf bewaldeten Kegel aus Marmor und Kalkstein liegen südlich vom Stadtzentrum von Da Nang und direkt am China Beach. Der Legende nach sollen die Marmorberge die Eier eines riesigen Drachens darstellen. In vergangener Zeit ragten sie als Inseln aus dem Meer. Durchzogen sind sie von Tunnelsystemen und Höhlen, die schon das Volk der Cham zu Kultzwecken nutzte. Der imposanteste der Marmorberge ist der Thuy Son. Er ragt fast einhundert Meter hoch in den Himmel. In seinem Inneren befinden sich mehrere Höhlen, sowie die große Huyen Khong Grotte. Es ist ehrfurchtgebietend, wenn aus gut dreißig Metern Höhe das Licht durch die Felsspalten auf die Statue des Thich Ca, dem Buddha der Gegenwart, fällt. Die glimmenden Räucherstäbchen tauchen die Schreine der Schutzgeister in ein mystisches Licht und aufsteigenden Nebel.

Während des Vietnamkrieges versteckte sich in den Grotten der Vietcong und bereitete Anschläge auf den nahegelegenen und von Amerikanern genutzte Flughafen vor. Damals galt das Höhlensystem als Versteck und als Lazarett für die Nationale Front für die Befreiung Südvietnams (FNL). Heute werden die Höhlen wieder buddhistisch verehrt. Unzählige Buddhafiguren findet man hier.

Vom höchsten Gipfel blickt man ins Zentrum der drittgrößten und am schnellsten wachsenden Stadt des Landes. Da Nang ist eine wichtige und moderne Hafenstadt. Sie profitierte schon vor Jahrhunderten vom Niedergang Hoi Ans als ehemals wichtigstem Hafen Südostasiens. Heute wird hier auch ein Großteil der Außenhandelsgüter des einzigen Binnenlandes Südostasiens auf Schiffe verladen. Der Nachbar Laos verfügt über keinen eigenen Meereszugang. Sicherlich auch ein Grund dafür, dass das Land Laos bis heute zu den ärmsten Südostasiens zählt. Wachstumsmotor in Da Nang ist aber auch der wichtige Flughafen der Stadt, der von immer mehr Airlines direkt angeflogen wird.

Schnell erscheinen neue Gebäude in der Stadtsilhouette, die vor allem in den Himmel wächst, hinzu. Beeindruckende Brücken wurden in den letzten Jahren über den Han Fluss erbaut, wie die sechsspurige Drachenbrücke, die auf einer sagenhaften Länge von 666 Meter den Fluss überspannt. An den Wochenenden kann die Brücke Cau Rong sogar wie ein echter Drachen Feuer spucken. Danach gibt es Wasserfontainen zur Abkühlung der vielen zusammenkommenden abendlichen Besucher unter der feuerspeienden Brücke.

Linke Seite: Die Wächter der Huyen Khong Grotte
Oben: Die in die Berge gebaute Tam Thai Pagode
Mitte: Buddhafiguren in der Am Phu Höhle
Unten: Der Schrein in der Huyen Khong Grotte

Links: Ein lebendiger Fischmarkt bei Hoi An

Oben: Mit 67 Meter Höhe ist die Buddhastatue auf der Son Tra Halbinsel die größte Vietnams.

Mitte: Fischerboote am My Khe Strand

Unten: Direkt aus dem Fischerboot wird der Fang mit dem Moped abtransportiert.

Die Stadt Da Nang ist die am schnellsten wachsende Stadt im ganzen Land. Imposante Brücken, wie die sechsspurige Drachenbrücke, die auf einer sagenhaften Länge von 666 Meter den Fluss Han überspannt, wurden in den letzten Jahren errichtet.

Hue – Kaiserstadt am Parfümfluss

Hue

Eine riesige rote Flagge mit Stern weht im schweren feuchten heißwarmen Wind vor der Zitadelle von Hue. Sie manifestiert heute auf der 37 Meter hohen Bastei den Anspruch der Sieger aus dem vietnamesischen Norden über den Süden im Vietnamkrieg. Während der Tet-Offensive im Januar bis März 1968 wurde der Kaiserpalast von Hue heftig bombardiert. Die Anlage, die ab 1804 vom Begründer der Nguyen Dynastie, Gia Long, erbaut wurde, lag nach dem Angriff und der Bombardierung durch die Amerikaner komplett zerstört und niedergebrannt am Ufer des Huong Giang, des duftenden Flusses. Wochenlang tobte ein erbarmungsloser Häuserkampf in Hue zwischen nordvietnamesischen Truppen und Vietcong gegen südvietnamesische Truppen, unterstützt durch US-Amerikaner. Heute wird vor allem die Schlacht um Hue, eine der längsten und blutigsten Auseinandersetzungen während des Vietnamkrieges, mit den Häuserkämpfen der Schlachten um Stalingrad oder auch Aachen und Berlin verglichen.

Nachempfunden als verkleinerte Form der weltbekannten verbotenen Stadt in Peking, dauerte es Jahre, bis die ersten Gebäude der zerstörten kaiserlichen Zitadelle von Hue wiedererrichtet wurden. Auch heute wird hier immer noch aufgebaut. Erbaut wurde die Anlage nicht wie die Anlage in Peking direkt in südlicher Ausrichtung, sondern mit einer Beziehung zum Ufer des Parfümflusses. Fast quadratisch angelegt, wurde ein 10 Kilometer langer Erdwall mit 20 Meter breitem Wassergraben um die Anlage herum von hunderten Arbeitern errichtet. Später ersetzte eine Steinmauer den alten Erdwall. Auch im Inneren der Zitadelle wurde stetig weiter gebaut und errichtet. Am Ende der Kaiserzeit zählte die Anlage mehrere hundert Räume in verschiedensten Gebäuden.

Mehrmals am Tag treten Musiker und eine Komparsentruppe in traditionellen Trachten in der Anlage des Königspalastes auf.

Reizvoll im Abendlicht beleuchtet, gelingt am Ngo Mon Tor, dem südlich ausgerichteten Mittagstor und Haupttor des Palastbezirkes, mit dem Aufzug der Fahnenträger, einer jugendlichen Komparsentruppe, visuell eine Reise in die Vergangenheit. Damals, die Stadt war noch kleiner als heute, wurde von hier aus das Reich regiert. Hue war Machtpunkt von 1802 bis 1945 als Hauptstadt Vietnams. Unterstützt durch französische Berater, gelang es damals dem Prinzen Nguyen Phuc Anh, den Kaiserstuhl einzunehmen. Als Kaiser Gia Long verlagerte er 1802 die Macht aus Hanoi in die mittelvietnamesische Stadt Hue, die fortan Hauptstadt wurde. Bis 1945 blieb die Stadt Kaisersitz.

In der heutigen Zeit setzt die Stadt wieder zu einem großen Sprung an. Gerade wurde das erste wirkliche Hochhaus in der Stadt fertig gestellt. Man kann es als das Wahrzeichen der Modernität sehen, aber auch als das des Konsums, ist es doch vor allem ein Shoppingtempel.

Das alte eigentliche Wahrzeichen der Stadt liegt ein klein wenig außerhalb der Altstadt flussaufwärts. Am Parfümfluss gelegen, befindet sich die wunderbare buddhistische Kloster-

Links: Die neun dynastische Urnen am Tor zum Mieu Tempel, in der Zitatelle von Hue.

Unten: Bronzener und kleiner Altar vor dem Mieu Tempel in der Kaiserstadt Hue.

anlage der „Pagode der himmlischen Frau“, die Thien Mu-Pagode. Erbaut um 1601 fließt und floss hier über Jahrhunderte das Wasser des Parfümflusses vorbei. Woher der Name duftender Fluss stammt ist nicht ganz klar. Überliefert durch den Transport von duftenden Edelhölzern oder auch durch herabtreibende Blüten bedachte man einst den Fluss mit seinem klangvollen Namen. Heute stellt er eine Herausforderung dar. Die Eigenschaften eines Parfümflusses scheinen mit der wirtschaftlichen Entwicklung des Landes abhanden gekommen zu sein. Nach wie vor liegt der mehr oder weniger gut duftende Parfümfluss, eingebettet in eine wunderbare Landschaft aus sanften Hügelketten und grünen Reisfeldern, gleich außerhalb der Stadt. Bootseigner bieten eine Fahrt aus dem Stadtzentrum bis hinaus zur schön gelegenen Pagode an und stehen heute in Konkurrenz mit den Taxi- und Mopedfahrern aus Hue. Verhandlungsgeschick wird bei allen dreien vorausgesetzt und belohnt.

Hier an der Pagode wird auch der Unterdrückung der Buddhisten gedacht, die im Jahre 1963 in der Selbstverbrennung des Mönches Thich Quang Duc gipfelte. Aus Protest gegen die Buddhistenverfolgung und Unterdrückung durch den katholischen Diktator Ngo Dinh Diem verbrannte sich der buddhistische Mönch in aller Öffentlichkeit. Bis heute steht hier auch das Auto, ein alter blauer Austin, mit dem sich der Mönch vor seiner weltweit beachteten Aktion auf eine öffentliche Kreuzung im südlichen Saigon fahren lies. Wenige Monate später war der von den USA gestützte Diktator Diem nicht mehr zu halten und Amerika lies ihn fallen.

Die Anlage um die Pagode wird heutzutage liebevoll von den Novizen des Klosters gepflegt. Auch wenn es manchmal direkt an der Pagode sehr laut und voll wird, irgendwo in der Anlage findet sich bestimmt ein ruhiges schattiges Plätzchen unter einem der Frangipanibäume mit seinen wunderbaren Blüten.

Hue mit seinen alten Palästen, Tempeln und Klöstern zieht die Reisenden förmlich an. Die vielen Sehenswürdigkeiten, wie auch die alten Königsgräber, stehen jetzt einer unglaublichen Unterkunftsdichte im Herzen der Stadt am Parfümfluss gegenüber.

Der Stadt scheint es wieder gut zu gehen, die Universität bildet viele junge Menschen aus und schon beim Spaziergang durch Hue ist das Selbstverständnis der alten Kaiserstadt zu spüren.

Einer der schönsten Bahnhöfe des Landes gehört ebenfalls hier an das Ufer des Flusses. Ohne Probleme lassen sich im restaurierten Schalterraum des Bahnhofs als auch auf jedem anderen Bahnhof im ganzen Land, Zugtickets selbst erwerben. Mittlerweile ist auch eine Onlinebuchung möglich. Jedes Zugticket wird personalisiert und mit Sitz- oder Schlafplatz versehen verkauft. Bahnreisen durch das langgestreckte Vietnam empfehlen sich sehr, folgen die Bahngleise ihrem meist eingleisigen Bett doch auf eigenen Routen direkt durch die Reisfelder und nicht immer neben den vielbefahrenen Straßen. Landschaften, Dörfer und auch Städte lassen sich so über viele hunderte Kilometer aus einer anderen Perspektive erleben. Interessante Begegnungen mit Mitreisenden aus Vietnam und aus dem Ausland im Zug sind dabei selbstverständlich inklusive.

Der Wiedervereinigungsexpress, der Hanoi mit dem südlichen Saigon auf einer Länge von circa 1700 Kilometer verbindet, hält natürlich auch in der alten Kaiserstadt Hue. Von hier aus starten die Züge zum vielleicht beeindruckendsten Gleisabschnitt der circa 35 Stunden langen Fahrt. Gebührend wird in Vietnam noch jeder Zug per Pfiff und Handgruß an der Schirmmütze aus dem Bahnhof hinaus verabschiedet. Wer Glück hat, kann vielleicht auch einmal einen Blick hinauf auf den Lokstand einer dieser oft betagten Dieselloks werfen. Die vielen Farbschichten, Rostbeulen und Dellen scheinen definitiv Geschichten erzählen zu können. Früher, als eine Lokomotive noch als militärisch strategisches Objekt galt, war das Betreten oft verboten. Aber das Leben verändert sich und auch die vietnamesischen Lokführer stören sich nicht daran, wenn jemand ihre Arbeit beobachtet.

Für die Diesellokomotiven geht es, vom schönen Bahnhof in Hue aus, den Berg hinauf. Hinauf auf den Wolkenpass, den Hai Van. Er bildet die natürliche Grenze zwischen Nord- und Südvietnam. Seine gerade einmal knapp 500 Meter Höhe bilden auch die Wetterscheide zwischen Nord und Süd. Nur langsam quält sich der lange Wiedervereinigungsexpress die Berge auf den Hai Van Pass hinauf, um dann sehr schnell und hoffentlich gut gebremst förmlich zum nächsten Bahnhof zu fliegen. In diesem Fall nach Da Nang, hinein in die schnell wachsende drittgrößte Stadt des Landes.

VNR
D19E-908
ĐƯỜNG SẮT VIỆT NAM

Die unterirdischen Paläste Vietnams

Phong Nha-Ke Bang

Ein spürbarer kühler Luftstrom zieht durch ein recht unscheinbares kleines Loch im Felsen. Es scheint, als atme der Berg hier in der Hitze einmal kräftig und kühl aus. Heute führt an dieses kleine Loch ein gut ausgebautes Netz an Fahr- und Fußwegen hinauf an den Berg. Dicht eingebettet in den feuchtheißen Dschungel des heutigen etwa 850 Quadratkilometer großen Nationalparks Ke Bang Phong Nha lag, über viele Jahre von der Natur verschlungen, der Eingang zur längsten Höhle Vietnams verborgen. Erst seit wenigen Jahren weiß man um diesen Naturschatz. Die gesamte Gegend zählt zum Annamiten Gebirgszug, der Annamitischen Kordillere, die auf einer Länge von 1100 Kilometern Vietnam und die Nachbarländer Laos und Kambodscha durchzieht. Besonders bekannt sind die Berge für ihre bizarren Kalksteinfelsformationen sowie unzähligen Höhlen, unterirdische Wasserläufe und eine ganz besonders außerordentliche Artenvielfalt.

Im Jahr 2005 glaubte eine erste britische Forschungsexpedition in diesen Bergen eine etwa fünf Kilometer lange Höhle neu gefunden zu haben. Damals gab es natürlich noch keine hölzernen Treppenstufen hinter dem kleinen Loch im Felsen. Während dieser Höhlenexpedition musste man sich noch auf den Höhlenboden abseilen. Heute führt eine viele Etagen hohe Holztreppe in die riesige erste Höhlenkathedrale hinab. Die Höhle Thien Duong sollte sich später als die längste trockene Höhle Vietnams erweisen. Vielleicht ist sie somit sogar die längste Höhle Asiens. Thien Duong heißt im Vietnamesischen „Paradies“. So wurde durch das britische Expeditionsteam ein treffender Name gefunden. Fantastische Tropfsteinformationen saugen einen damals wie auch heute hinein in die Unterwelt Vietnams. Einst noch im Dunklen

Riesige Tropfsteingebilde faszinieren die Besucher im beleuchteten Teil der Thien Duong Höhle. Nur die ersten, der 31 Kilometer sind einfach zugänglich.

verborgen, lag eine phantastische Menge an riesigen Tropfsteingebilden in den vielen Hallen des Höhlensystems.

60 Kilometer nordöstlich von der an der Küste liegenden Provinzhauptstadt Dong Hoi (Quang Binh) und 440 Kilometer südlich von Hanoi liegt dieses wunderbare Höhlengebiet im zentralen Landesteil Vietnams. Bis heute werden hier in der Gegend um Phong Nha und dem Ke Bang Nationalpark neue Höhlen entdeckt und vermutet. Erst vor wenigen Jahren, genau im Jahr 2009, war es die riesige Son Dong Höhle, die „Bergflusshöhle", die letztlich die Paradieshöhle in den Schatten stellt. Die seit 2013 bis heute nur wenigen Besuchern offenstehende neuentdeckte Höhle wird in einer einwöchigen Tour mit mehreren Übernachtungen in Expeditionslagern in der Höhle begangen. Mit beachtlichen Kosten von cirka 6000 US-Dollar und einiger nötiger Höhlen- und Expeditionserfahrung, ist die Tour damit sicher nichts für das Alltagsprogramm einer klassischen Vietnamrundreise.

Eigentlich ist die Bergflusshöhle ebenfalls auch ein ganzes Höhlensystem, bestehend aus über 150 Höhlen, Flüssen, Seen und Dschungel. Somit ist sie derzeit auch die größte bekannte

Höhle der Welt. Teils 250 Meter hohe Höhlenwände stellen alles bisher Gekannte in den Schatten.

Einfacher als bei den Entdeckungsexpeditionen 2009 hinein in die Bergflusshöhle oder auch 2005 in die Paradieshöhle haben es die Reisenden heute hier in der Paradieshöhle allemal. Innerhalb der letzten Jahre wurde viel Fleiß und Energie verwandt, um die ersten Kilometer begehbarer zu machen. Mittlerweile wurden etwa zwei Millionen Dollar investiert, um die Höhle der Öffentlichkeit und somit dem Tourismus vermarktbar zu machen. Auf Holzwegen, meist mit nach oben gerichteten Köpfen, staunen sich die vielen Besucher durch die ersten Kilometer dieser wunderbaren paradiesischen Höhle. Der Fantasie freien Lauf lassend zeigen sich verschiedenste Figuren in den jahrtausendealten Stalaktiten und Stalakmiten. Zwischen 60 bis 80 Meter hoch baut sich Vietnams Untergrundpalast zu irrwitzigen Steinskulpturen auf. Hinter jeder könnte man Fabelwesen vermuten. Eines ist aber sicherlich mit der Öffnung der Höhlen verloren gegangen: die Ruhe, die feinen Geräusche aus dem Bauch der riesigen Höhlenkathedralen. Diese werden überdeckt von einem Vielvölkergesprächsteppich der großen Reisegruppen und die der Individualreisenden, die hinunter in die Thien Duong Höhle steigen.

Andere sind unterwegs mit einem Boot auf dem Son Fluss durch ein idyllisches Tal. Wasserbüffel grasen am Ufer oder verschaffen sich eine frische Abkühlung im Wasser. Mit den Booten geht es nach einer cirka 20-minütigen Flussfahrt hinein in eine weitere große Höhle. Sie ist an ihrer höchsten Stelle 83 Meter hoch. Die lauten Dieselmotoren werden am Höhleneingang abgestellt und die Boote ab dort von Hand gerudert und gestakt. Stalaktiten und Stalakmiten prägen auch diese Höhle, die „Höhle der Zähne" übersetzt wird. Die Phong Nha Höhle mit ihrer unglaubliche Anzahl an Tropfsteinen ist eine der großen und beeindruckenden Höhlen im Phong Nha-Ke Bang. Sie enthält 14 Grotten und einen langen unterirdischen Fluss. Einige der bizarrsten Tropfsteinformationen, wie der Löwe oder der Buddha, sind neben wunderschönen Sandbänken in ihr zu finden. Ursprünglich wurde die Höhle von einem Franzosen entdeckt, aber erst 1990 machten britische Höhlenforscher auf die Höhle aufmerksam. Sie ist insgesamt 7800 Meter lang und die ersten 1500 Meter sind heute öffentlich zugänglich. Sie ist der Namensgeber für den Nationalpark und die am stärksten besuchte Höhle. Der Nationalpark selbst ist erst recht jung und wurde 1990 gegründet. Der dynamisch wachsende Tourismus in der Region ist für den Nationalpark Chance und Bedrohung zugleich.

Die ersten 600 Meter der 7,8 Kilometer langen Phong Nha Höhle sind heute per Boot und später zu Fuß sehr gut und einfach erlebbar und öffentlich zugänglich.

Nordvietnam

Die trockene Halong-Bucht

Ninh Binh

500 Stufen in den Himmel, 500 Stufen, die den Überblick über die Landschaft bei Tam Coc ermöglichen. Direkt an der Höhle Hang Mua führen große Steinstufen hinauf auf die Felsen. Vorbei an kleinen Pagoden schlängelt sich das Treppenband im Zickzack die Berge hoch. Der dramatische Ausblick auf die Karstfelsen nach dem schweißtreibenden Aufstieg entschädigt. Die Kegel- und Turmkarstlandschaft des Trang An erinnert an die weltberühmte Felsformation der Halongbucht. So gilt sie heute auch als die „trockene Halongbucht". Südlich des großen Deltas des Roten Flusses gelegen, ist die Landschaft hier gleichwohl nicht wirklich trocken. Unzählige Nassreisfelder bilden eine schier endlose bewässerte Fläche. Kleine Flussläufe versorgen die Felder mit dem kostbaren Nass. Vor allem im zeitigen Frühjahr, wenn der neue Reis gesetzt wird, ist es hier feucht. Die Felder liegen geflutet und werden mit Wasserbüffeln oder kleinen motorgetriebenen Pflügen bearbeitet und der neue frischgrüne Reis gesetzt. Jetzt wandelt sich das Bild und die Farben der Gegend um Tam Coc. Nun durchzieht ein leicht hellgrüner Schein die Landschaft, die sonst von den großen braunen Wasserflächen beherrscht wird. Die Temperaturen steigen im März und April deutlich an. Nach und nach verdichtet sich der leichte Schein zu einem festen, leuchtend grünen Meer. Der gut bewässerte Reisteppich wächst der Sonne entgegen. Im Mai ändert sich die Farbe erneut. Der Reis wird reif. Die Ernte in der Gegend steht vor der Tür. Gelb steht die Landschaft nun in voller Pracht. Besonders gut ist der Ausblick in das gelbe Reismeer oberhalb der Höhle Hang Mua. Ninh Binh, die Großstadt, circa 100 Kilometer südlich von Hanoi aus gelegen, ist in der Entfernung noch gut zu sehen. Sie ist Namensgeber der Provinz. Der Blick direkt an den pittoresken Bergen hinunter in

Oben: Durch mehrere Grotten hindurch führt eine Bootstour entlang des Flusses Ngo Dong.

Unten: Unweit von Tam Coc findet sich der alte Königsort Hoa Lu, der für 41 Jahre Hauptstadt war, bis Kaiser Ly Thai To im Jahr 1010 die Hauptstadt nach Thang Long verlegte. Zwei Tempel sind den Königen Dinh Tien Hoang und Le Dai Hanh gewidmet. Der Tempel von Kaiser Dinh Tien Hoang ist in der Form eines chinesischen Zeichens erbaut .

Elf Kilometer nördwestlich von Ninh Binh entstand in den letzten Jahren ein riesiger neuer buddhistischer Komplex. Die Bai Dinh Pagode, die heute auch als größte Pagode Südostasien mit anderen Bauwerken konkurriert, wird meist von Vietnamesen besucht. Die schön gestaltete Anlage ist rund 540 Hektar groß.

die jetzt trockengelegten Felder zeigt die Arbeitswelt der Landbevölkerung. Durch den wachsenden Tourismus kommen die Bauern zu manch einer Nebeneinnahme. Viele Frauen verdienen indessen ihr Geld mit Ruderbootausflügen vom Bootsanleger in Tam Coc. Durch drei Grotten hindurch führt die Tour entlang des Flusses Ngo Dong. Vorbei an den Felsen und Reisfeldern rudern die arbeitsgewöhnten, oft handfesten Bäuerinnen die Holzboote auch gerne einmal per Fuß.

Ab Ende Mai füllt sich die Felsenwelt mit dem Geräusch der großen Dreschmaschinen. Ernteteams ziehen mit den großen benzingetriebenen Maschinen in der Hitze von Reisfeld zu Reisfeld. Das Getreide wird noch oft von Hand geschnitten, gebündelt und dann schnell in die Dreschmaschine gehalten. Der Ertrag ist enorm und füllt die großen Säcke schnell. Enorm ist auch das Gewicht der gerade gedroschenen Reiskörner. Da diese noch nicht getrocknet wurden, schleppen die Arbeiter die Säcke auf nahestehende Wagen. Ein Moped, nicht etwa ein Traktor, bringt die schwere Fracht in die Bauernhöfe. Dort wird der Reis zum Trocknen vielerorts auf den asphaltierten Straßen ausgelegt, am Abend trocken wieder zusammengefegt und in die Reissäcke verpackt.

在水中央

靈湖弱水隨緣渡
龍馬河圖

濠梁信樂子非魚
夜月或遊仙是鶴
CHỦ TỊCH 
HỒ-CHÍ-MINH

Thang Long – der aufsteigende Drache

Hanoi

Wochenende, 17:30 Uhr, nichts geht mehr. Hanoi steckt fest oder besser steht fest. Rushhour in den kleinen Straßen der Altstadt. Ein Rad presst sich förmlich ans nächste. Die einen kommen vom Job und wollen nach Hause. Die anderen sind bereits auf dem Weg in die Altstadt. Ziemlich entspannt stockt, verwindet und befreit sich der massenhafte Mopedverkehr immer wieder. Aber kein Geschrei und kein Gezeter. Hanoier Alltag ist das. Langsam aber stetig fließt und steht der Verkehr hier im alten Zentrum bis jeder irgendwann sein Ziel erreicht. Man schlängelt sich im Gewirr vorbei an Straßenhändlern, Fußgängern, Garküchen und immer mehr kleinen Plastikhockern, die abends nach und nach den Asphalt beschlagnahmen, solange keine Polizei in der Nähe ist. Plastikhocker sind vielleicht das insgeheime heutige Wahrzeichen der vietnamesischen Hauptstadt. Wie keine andere Stadt im Land verändert die acht Millionen Metropole ihr Gesicht im Laufe eines Tages.

Noch im Dunkeln, am jungfräulichen Morgen, sind die ersten Sportler bereits unterwegs. Rund um den Schwertsee, den Hoan Kiem See, im Herzen der Altstadt, laufen sie ihre Runden und bringen gymnastische Übungen hinter sich. Den Körper zu bewegen und zu formen und dabei die etwas kühlere Morgenluft einzuatmen, ist zunehmend populär, auch in Vietnam. Reizvoll ist es bei Sonnenaufgang außerdem. Morgens auf der The Huc Brücke, die hinüber zum Jadeberg-Tempel führt, zu stehen und die Stadt zu spüren, regt zum Innehalten an. Mitten im See gelegen ist der kleine Schildkrötenturm. Der Legende nach erbaute der Nationalheld Le Loi zu Ehren einer goldenen Schildkröte diesen

Überall in der Hauptstadt, egal ob am Hoan Kiem See und dem Jadeberg-Tempel oder in der Nähe des Mausoleums von Ho Chi Minh, wird ausgiebig Frühsport getrieben.

schönen Turm, wurde er doch durch ein magisches Schwert von ihr unbesiegbar im Kampf gegen die Truppen der Ming-Dynastie. Bis heute ist der Schildkrötentrum das Wahrzeichen der Stadt am Roten Fluss.

Zwischen vier bis fünf Uhr frühmorgens erwacht die über 1000 Jahre alte Stadt mit dem alten Namen Thang Long zum Leben. Thang Long, die Stadt des aufstrebenden Drachen, hieß Hanoi einst. Und jeden Morgen erwacht dieser mächtige Drache von Neuem. Die ersten Marktstände eröffnen, immer mehr vollbepackte radelnde Verkäuferinnen kommen aus den umliegenden Dörfern und Vororten der Hauptstadt mit ihren voll mit Blumen oder Obst beladenen Fahrrädern in die Innenstadt. Schüler und Studenten starten Richtung ihrer Schulen und Universitäten, Arbeiter in Richtung ihrer Arbeitsstellen. Der Verkehr wird dichter, Mopeds, Busse, Taxis, Privat-PKWs, alle kämpfen sie um ihr Stück Straße, auf ihrem Weg ins große Knäul des Hauptstadtverkehrs. Erste Rollläden der Geschäfte werden geräuschvoll geöffnet.

Durch die Tempel zieht der Nebel der morgendlichen Rauchopfer, die den Händlern am Tag ein gutes Geschäft bringen sollen.

Oben: Gerade die, die keine hohen Mieten in Hanoi zahlen können, leben direkt am Bahngleis, der sich mitten durch die Häuser windenden Zugstrecke.

Das Leben pulsiert immer schneller. Die Morgenmärkte sind voll mit denen, die erste Einkäufe erledigen. Dampfende Pho Nudelsuppenküchen und Banh Mi Stände, Baguette-Verkaufsstände, runden das Bild ab. Mehr und mehr Reisende, Besucher aus dem In- und Ausland zeigen sich, sowohl vorm Präsidentenpalast und dem daneben befindlichen Mausoleum für den Gründungsvater des neuen Vietnam, Ho Chi Minh, als auch vor den Toren des vielleicht schönsten Tempels der Stadt. Vorm Tempel der Literatur. Er liegt circa zwei Kilometer westlich vom Hoan Kiem See. Bereits früh mit Öffnung der Türen strömen junge Vietnamesen hinein. Der ganze Anlagenkomplex unterteilt sich in fünf ummauerte Innenhöfe, die sich nach klassischem Schema chinesischer konfuzianischer Wohn- und Tempelanlagen entlang einer Nord-Süd-Achse aufreihen. Eigentlich bildete der Literaturtempel einst die erste Nationalakademie Vietnams. Im Jahre 1070 vom dritten Kaiser der Ly-Dynastie erbaut, ist es damit nicht wirklich ein religiöses Gebäude. Trotzdem geht es hier oft recht religiös zu und trotz allem wird er als wichtigstes Nationalheiligtum verehrt. Zumeist Studenten und Schüler sind hier unterwegs. Auffallend viele Studentinnen sind stilvoll im klassischem Ao Dai, dem traditionellen Seidenkleid und Seidenhose, gekleidet. Hier im Tempel der Literatur huldigt man den alten Gelehrten Vietnams und deren Wissen. Hierher, wo über Jahrhunderte die Aristokraten ihre Kinder bilden ließen, strömen die modernen jungen Leute heute, um vor Prüfungszeiten einen guten Abschluss bei höheren Mächten zu erbitten. Viele kommen auch deutlich gelöster zum Danksagen nach erfolgter Prüfung vielleicht auch schon mit dem Abschluss in der Tasche. Die im Westen der Altstadt gelegene gut gepflegte konfuzianische Anlage bildet einen der wichtigen kulturellen Punkte der alten Stadt Thang Long oder des heutigen Hanoi. Liebevoll wird der Garten täglich von mehreren Gärtnern gepflegt und die auch in Vietnam äußerst beliebten Bonsai-Bäume beschnitten.

Studenten und Schüler pilgern vor Prüfungen in den Tempel der Literatur. Viele Studentinnen sind stilvoll im klassischem Ao Dai gekleidet. Im Tempel der Literatur huldigt man den alten Gelehrten Vietnams und deren Wissen.

THÔNG CỐNG
0949.428.112
0949.428.112
EXPRESS
HONDA

Gepflegt werden auch die Parkanlagen nördlich der Altstadt Hanois. Die Tran Quoc Pagode am großen Westsee ist noch um einige Jahrhunderte älter als die Anlage des Literaturtempels und steht wunderbar auf einer kleinen Insel im größten See der Hauptstadt. Sie bildet den ältesten buddhistischen Tempel in Hanoi. Ihre schöne Lage am See macht sie zu einem fotogenen Punkt zur Zeit des Sonnenuntergangs. In ihrem Garten auf der kleinen Halbinsel findet sich ein Baum, der wohl aus einem Ableger des originalen Bodhi-Baumes in Bodhgaya, Indien, unter dem einst Buddha seine Erleuchtung fand, gezogen wurde. Spätestens am Abend füllt sich die Pagodengegend mit Besuchern aus aller Welt, aber auch die Hauptstädter selbst spazieren am Ufer des Sees, treiben Sport und setzen sich zum Gespräch.

Es wird früher Abend in Hanoi und die Stadt, vor allem die Altstadt, beginnt erneut, ihr Gesicht zu verändern. Abertausende Plastikhocker bilden die Grundlage für die „Bia Hoi", die Bierecken mit dem frischgezapften Bier direkt auf dem Bürgersteig oder der Straße. Schließt ein Geschäft in der Altstadt die Rollläden am Abend, werden sofort die kleinen bunten, oft gelben oder roten Plastikstühle und Hocker davorgestellt. Meist sind es auch die Ladenbesitzer selbst, die abends vor ihrem geschlossenen Geschäft zum Straßenwirt mutieren. Ab circa 5000 Dong, weniger als 20 Eurocent pro Glas, setzt sich der Hauptstädter zum Feierabendbier auf die Straße. Dazu gesellen sich die Reisenden, vom Backpacker bis zum Pauschalreisenden und sind in aller Regel ziemlich erstaunt über die Entspanntheit des Hanoier Nachtlebens. Schnell entstehen Gespräche der Reisenden beispielsweise mit Studenten, die vielleicht ihr Englisch ausprobieren möchten oder auch ein Gespräch mit der alten Generation führen wollen. Vielleicht mit einigen Wörtern Französisch oder Russisch oder ganz einfach per Zeichensprache.

Über die Jahre hat die Verwaltung und Polizei immer wieder versucht, die Bierecken zu beschränken. Aber mittlerweile werden zumindest an den Wochenenden mehr und mehr Straßen der Altstadt gleich komplett für den Verkehr gesperrt. Ein Durchkommen mit dem Moped, erst recht aber mit dem Auto, ist vorher schon schier unmöglich. So wird die Straße wenigstens am Wochenende auch Lebensraum. Theaterbühnen werden aufgebaut und mitten auf den Kreuzungen treten jugendliche vietnamesische Bands auf. Umringt von hunderten jungen Leuten, die ihre alte Stadt heute weiterentwickeln. Der alte aufsteigende Drache Thang Long, er lebt, er pulsiert.

Baulärm unterm Fansipan

Von Sa Pa nach Bac Ha

Sa Pa, ein wohlklingender Name im ganzen Land. Für viele Vietnamesen der Inbegriff von wilder unberührter Bergwelt, guter Luft und steilen Reisterrassen. Vielleicht hat sich dieser Wohlklang auch aus den kolonialen Tagen und der Prägung Frankreichs erhalten. Damals im Jahre 1880, als die Franzosen Sa Pa als Bergstation gründeten und ab 1922 ausbauten, begann die touristische Entdeckung der Landschaft. Koloniale stattliche Villen wurden hier in einer Höhe von circa 1650 Metern in die Berge gebaut. Die meisten von ihnen mit Blick auf den höchsten Berg Vietnams, den Fansipan. Im südlichen Yunnangebirge gelegen, kommt dieser mit einer beachtlichen Höhe von 3143 Metern daher. Er beeindruckt mit einem großen Gebirgsmassiv, welches direkt gegenüber von Sa Pa liegt. Bis ins Jahr 2016 hinein war der Fansipan nur über eine mehrtägige Dschungelbergtour zu erklimmen und gilt bis heute wegen der schnellen Wetterwechsel und der dichten Nebelwolken auch als nicht ganz ungefährlich.

Schon einige Jahre zuvor breitete sich Baulärm am Berg aus. Eine über sechs Kilometer lange Seilbahn wurde auf den Gipfel hinauf errichtet. Seit Februar 2016 führt nun eine spektakuläre Seilbahn österreichischer Herkunft auf ein Hochplateau nahe des Gipfels. Mit der Ruhe auf dem „Dach Indochinas" scheint es vorbei zu sein. Tagtäglich kommen nun tausende Touristen per Seilbahn oben an. Während der knapp 15-minütigen Fahrt überwinden sie einen Höhenunterschied von 1410 Metern. Die Bahn ist damit aktuell die längste Dreiseilbahn mit dem höchsten Höhenunterschied weltweit.

Viele Vietnamesen, aber auch immer mehr Chinesen, nutzen das neue und recht preisintensive Bergerlebnis rege. Sa Pa, nur wenige Kilometer von der chinesischen Grenze in Lao Cai ent-

fernt, boomt seit vielen Jahren. Naturerlebnis weicht Baulärm, größere Reisegruppen verdrängen Bergwanderer, der Ort gleicht schon lange einer Dauerbaustelle. Der Inbegriff des reinen sauberen Bergweltklischees ist längst zum Kippen gekommen.

Die Dörfer um Sa Pa herum werden heute zum Teil touristisch als Minderheitendörfer, ähnlich des chinesischen Vorbilds, genutzt und sind per Eintrittsgelder zu besichtigen. Dass dort das wirkliche Leben längst ausgezogen ist, scheint nur zu verständlich. Die spannende Bergwelt zu erkunden, lohnt aber trotzdem. Per Moped auf den einsamen Passstraßen in das Gebirge hineinzufahren und weit entlegene Dörfer zu erwandern, stimmt versöhnlich und bringt den aktiven Besucher wieder zurück in die vietnamesische Alltagswelt der kleinen Bergvölker.

Von Sa Pa aus hinunter nach Lao Cai und dann zurück in die nördlicher gelegenen Berge Richtung Bac Ha zu reisen, eröffnet immer wieder spektakuläre Landschaftseindrücke. An den Wochenenden ist hier einiges los. Ziehen doch die Sonntagsmärkte der Region neugierige Besucher aus den Bergen, aber auch aus den Städten an. Der Sonntagsmarkt von Bac Ha ist einer der bekanntesten im Norden Vietnams. Gut, wer schon am Samstagabend ein Zimmer in Bac Ha nimmt, um dann am Sonntagmorgen zeitig auf den großen Markflecken im Zentrum von Bac Ha zu spazieren. In faszinierend farbigen Trachten sind hier ab 6:30 Uhr die Frauen und Männer, die Blumen-Hmong, auf dem Markt unterwegs. Sie gehören zu sechs Gruppen der Hmong, eine der 54 ethnischen Minderheiten in Vietnam. Die Sozialistische Republik bildet ethnisch das vielfältigste Land Südostasiens.

Neben dem Gemüse- und Obstmarkt fasziniert vor allem der Lebendtiermarkt in Bac Ha. Vom Wasserbüffel bis zum Enten- und Gänseküken wird hier einiges gehandelt. Waren des täglichen Bedarfs, Elektroreparaturstände, Woll- und Kleiderstände, Schuhverkäufer und zünftige Metzger finden sich im Getümmel des Marktes. Souvenirstände auf dem Markt sind ein sicheres Indiz des touristischen Einflusses, der spätesten zum Mittag hin spürbarer wird, wenn die Ausflugsbusse aus Sa Pa in Bac Ha haltmachen. Vieles wird feilgeboten. Auch Friseure schneiden und rasieren unter freiem Himmel jeden zahlungswilligen Kunden. Alles was das Leben braucht, findet sich auf dem bunten, wimmelnden Markt, der jeden Sonntag stattfindet.

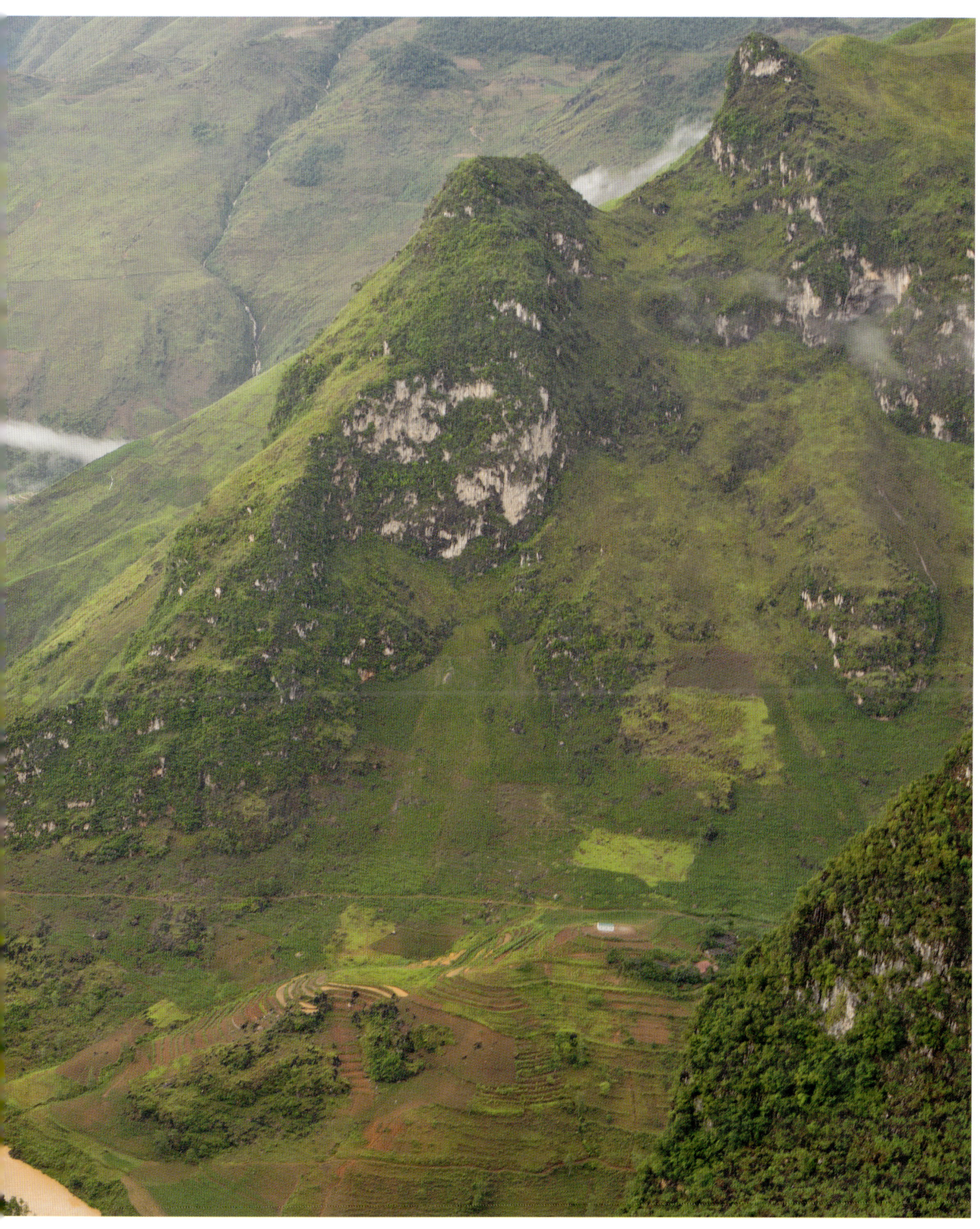

23-N1
046.28

Abenteuer auf dem Karstplateau

Dong Van

Noch etwas verschlafen reibt sich manch einer die Augen. Es ist Sonntagmorgen, noch weit vor 6 Uhr. Und während in anderen Teilen der Welt höchstens der Bäcker bereits arbeitet, herrscht hier schon dichtes, geschäftiges Gedränge. Weit oben im Norden Vietnams strömt das Vielvölkergemisch der kleinen Bergstämme über die jeweiligen Sonntagsmärkte. In ihren bunten Trachten sind die Hmong, die Dao und andere ethnische Völker gut zu erkennen. Allein 17 verschiedene der insgesamt 54 anerkannten ethnischen Gruppen in Vietnam, leben hier weitab im hohen Norden dieses langgestreckten Landes. Alle treffen sich immer sonntags zum Handeln. Gemüse, Obst, Fleisch, Dinge für den Alltag, Arbeitsgeräte, Schuhe, Bekleidung, alles was der Mensch in der Bergwelt Vietnams benötigt.

Lautes Quieken weckt am Ende auch den noch so verschlafenen Marktbesucher. Angeleint wie Hunde, zerren kleine schwarze Ferkel an den Schnüren ihrer Verkäufer und balgen sich gleich einer wildgewordenen Horde mit den Ferkeln der benachbarten Stände. Zu Dutzenden werden die aufgeregten Tiere auf den Markt gebracht. Indessen nicht mehr klassisch zu Fuß oder auf dem Pferd. Im heutigen Vietnam ist alles auf dem Moped transportierbar. Sei es eine riesige Schweinehälfte oder eben ein Lebendtiertransport. Kein Problem, mit kleinen Holzrahmenkonstruktionen wird alles aufs Moped gepackt. Egal wie schwer, groß, hoch oder breit. Große Schweine an den Füßen gefesselt, kleine Ferkel im Drahtkäfig, Enten, Gänse, Hunde, Katzen. Nur die großen Rinder oder Wasserbüffel kommen, weil sie dann doch zu groß sind, noch zu Fuß.

Viele kleine, mittlerweile recht gut ausgebaute Bergstraßen führen hinauf nach Dong Van in die nördlichste Gegend Vietnams. Reisende, die hier hinauf in den Norden wollen, benötigen

bis heute ein spezielles Borderpermit, welches im Gegensatz zum nördlichen Nachbarn China, deutlich einfacher bei der Polizei zu bekommen ist. Verwundert ist man bereits über die Schnelligkeit auf dem Immigrationsbüro der Polizei. Doch viel erstaunter sind die Reisenden, wenn ihnen an jedem zweiten Polizeiposten die Beamten freundlich zuwinken und hinterhergrüßen. Und dies in einem Land, in dem die Staatsdiener in Uniform nicht eben nur für Unfehlbarkeiten bekannt sind, sondern auch für Nebeneinkünfte am Straßenrand. In Vietnam ist die Korruption ein großes, immer wieder den Alltag bestimmendes Thema. In den sozialen Netzwerken verschaffen sich viele Vietnamesen darüber Luft und erstaunlicherweise werden diese Netzwerke kaum kontrolliert. Ganz anders in der nur wenige Kilometer weiter nördlichen Volksrepublik China.

Die Landschaft hier baut sich förmlich auf zu einer kaum erwarteten Dramatik. Ein Pass verwobener mit der Natur als der andere. Serpentinen über Serpentinen winden sich die kleinen Asphaltpisten den Wolken entgegen. Steile Schluchten mit atemberaubender Schönheit. Terrassenanbau auf wenigen Quadratmetern Feldfläche. Das Grün der frischen neuen Reissetzlinge wechselt mit dem Gelb des reif werdenden Maises. Diese Getreidesorten sind hier vorherrschend in der Landwirtschaft. Allein der Gedanke an den Aufwand, die weit oben in den Bergen gelegenen Terrassen als Bauer erreichen und bewirtschaften zu müssen, verschlägt einem glatt den Atem.

Ende April, Anfang Mai, steht die wunderbare Bergregion in der Provinz Ha Giang auf der Wunschliste vieler junger Vietnamesen. Während der Feiertage um den Unabhängigkeitstag und den 1. Mai strömen sie hinauf in den Norden, um mit Mopeds die Bergstraßen von Ha Giang aus bis nach Dong Van und Meo Vac zu erkunden. Nicht ohne Grund ist die komplette Gegend seit 2010 Mitglied im Globalen Netzwerk der UNESCO-Geoparks. Der Park umfasst eine Fläche von 2346 Quadratkilometern. Vier Provinzen, Quan Ba, Yen Minh, Dong Van und Meo Vac, finden sich in der Fläche des Karstplateaus wieder. Übergangslos wechseln sich dichte Regen- mit lichten Kiefern- und Zedernwäldern ab. Der höchste Berg Mieu Vac erhebt sich 1971 Meter in den Himmel, die tiefste Schlucht, der Canyon Tu San, ist zwischen 800 und 900 Metern tief. Oft liegt der Berg versteckt in den Wolken.

Beeindruckend, wenn nach einem Regen der aufsteigende Nebel aus der gigantischen Schlucht den Blick freigibt. Mystisch stimmt jedoch auch der weiße, undurchdringliche Wolkennebel, der die fast zuckerhutartigen Berge umhüllt.

DETECH

Die Bergpässe und Straßen zwischen Yen Minh, Dong Van und Meo Vac sind vielleicht die abenteuerlichsten Strecken in ganz Vietnam mit grandiosen Landschaftsblicken und Begegnungen mit der Bergbevölkerung.

Wildes Naturwunder und bekanntes Tapetenmotiv

Ban Gioc

Dunst und Sprühnebel, das sind die Willkommenshelfer weitab im Norden. Im Sommer erzeugen sie hier ein feuchtheißes Klima wie kaum an einem anderen Ort in Nordvietnam. Es sind nur gefühlte 15 bis 20 Meter hinüber in die große Volksrepublik China. Knapp 20 Meter in eine andere Welt, andere Schrift, andere Denkweisen. Getrennt von einem der schönsten oder, vielleicht ohne Übertreibung, sogar dem schönsten Wasserfall Vietnams. Ban Gioc liegt abgelegen in der nördlichsten Provinz Cao Bang. Heute vor allem von inländischen Touristen während der Maifeiertage bereist, erfreut sich die Gegend sonst eher einer verschlafenen bäuerlichen Lebenswelt. Während sich die Kaskaden des 53 Meter hohen Wasserfalls in wilder Gischt ergießen, ziehen darunter nach wie vor die Wasserbüffel die Pflüge durch die Reisfelder. Neuer Reis wird unweit des viertgrößten Wasserfalls zwischen zwei Ländern unserer Erde gesetzt. Wie eh und je schwere körperliche Arbeit für Mensch und Tier. Dabei scheint der Fakt, dass sich der Ban Gioc Fall in eine illustere Sammlung von bekannten Fällen, wie den Iguazu-, den Victoria- und den Niagarafällen, einreiht, hier im Alltag schlichtweg unterzugehen. 300 Meter breit fallen die Wassermassen in die Tiefe, gleißend goldenes Licht am Nachmittag in der Gischt, milchig dagegen am Morgen. Hunderte Meter hohe Karstfelsen umrahmen diesen wunderbaren Flecken Erde und spenden am späteren Nachmittag etwas abkühlenden Schatten.

Zwei Stunden entfernt von Ban Gioc liegt die Provinzhauptstadt Cao Bang. Indessen gut mit öffentlichen Transporten angeschlossen, bringen die Busse den Reisenden in etliche Stunden dauernden Fahrten nach Hanoi, Son La, Hai Phong und nahezu überallhin. Über Cao Bang läuft auch der Grenzhandel mit China.

Riesige Trucks donnern hinauf Richtung Volksrepublik, einer nach dem anderen bringt Lebensmittel hinüber. Es scheint, dass der Bedarf an Schweinefleisch in China nicht zu stillen ist. Dutzende Tiertransporte schieben sich der Grenze entgegen. Reis wird ebenso gehandelt und auf dem Rückweg kommt Zement für den Bauboom der vietnamesischen Orte ins Land.

Touristisch gesehen liegt die Region immer noch weit ab von den erschlosseneren Nachbarregionen. Kleine Straßen führen in noch kleinere abgelegene Bergdörfer, unbedeutende Straßenstädtchen und abgeschiedene Marktflecken. In den steilen Schluchten entstehen erste riesige ameisenhaufengleiche Baustellen für die neuen Staudämme. Der Energiehunger einer wachsenden Wirtschaft saugt das Netz leer und wartet gierig auf neue Einspeisungen. Die wilden Schluchten in der Bergwelt mit ihren reißenden, energiereichen Flüssen, ermöglichen die Nutzung der Wasserkraft. Zum großen Teil bilden sie aber immer noch eine wilde natürliche Schönheit. Noch sind die Dörfer der kleinen Völker in den Bergen von dieser Veränderung verschont. Familien der Hmong, Tay, Nung und Dao besiedeln hier die Mehrzahl der oft noch aus Holz oder Bambus erbauten Hütten.

Die Franzosen erfreuten sich hier im äußersten Norden des alten vergangenen Indochinas der Erholung und des Fischfangs. Tausende Jahre vorher siedelten und expandierten von hier aus die Stämme der Tay. Der hohe Nordosten des heutigen Vietnams sollte aber viele Jahre später auch Ho Chi Minh kurze Zeit zur Basis seiner revolutionären Bewegung gegen die Kolonialmacht werden. Die Höhlen Pac Bo, in der Ho Chi Minh im Jahre 1941 nach fast 30-jährigem Exil seine erste Truppe zusammenzog, werden als eine Art kommunistisches Heiligtum verehrt. Mehrere Wochen im Januar und Februar 1941 organisierte und sammelte sich hier im Dschungel der Widerstand gegen Frankreich.

Moderne Abenteurer kommen heute nicht mehr durch den Dschungel, sondern über immer besser ausgebaute kleine Bergstraßen in den Nordosten. Atemberaubende Passstraßen führen in die Nachbarprovinz Ha Giang oder an die Küste und erklimmen Bergpässe mit überwältigenden Ausblicken über die jahrhunderte alten Reisterrassen, die immer noch in Handarbeit bestellt werden. Die Provinz Cao Bang gilt nach wie vor als Geheimtipp für eine dramatische Gebirgswelt, die in Asien in dieser Dichte ihres Gleichen sucht. Unbekannt ist sie jedoch nicht, ziert der Wasserfall Ban Gioc doch als meistgezeichnetes und gedrucktes Motiv unzählige Wandposter und große Aquarelle in vielen Pensionen, Hotels und Restaurants im ganzen Land.

Die Bucht der untertauchenden Drachen

Vinh Ha Long

Figurengleich stehen sie im Wasser. Wie mythische Wesen vergangener Zeiten. Die fast 2000 Karstfelsen in Vietnams bekanntester Landschaft in der Vinh Ha Long erzählen förmlich phantasievolle Geschichten. Geschichten aus der weltbekannten Halong-Bucht. Der „feuchten“ Drachenbucht. Der Legende nach entstand die Bucht einst durch einen Drachen, der nahe am Meer in den Bergen lebte. Beim Gang zur Küste soll er mit seinem Schwanz die Berge zerschnitten haben und beim Eintauchen ins Meereswasser wurde das Land mit Wasser überspült. Ganze Arbeit scheint dieser eine Drache in der Vinh Ha Long geleistet zu haben. Immerhin hat die Halong-Bucht eine Fläche von 1500 Quadratkilometer zu bieten. Eine schier übermächtige Masse dieser zerschnittenen Felsen ragt mehrere hundert Meter hoch aus dem Wasser des Golfs von Tonkin heraus. Diese landschaftsformende Tätigkeit nur einem mythischen Drachenwesen zuzuschreiben, scheint gewagt oder ist zumindest ein klares Indiz für die Mächtigkeit und Energie des alten Drachenwesens. Tatsächlich sind die Felsen Überreste 300 Millionen Jahre alter Muschelbänke und mit der Zeit haben unterschiedliche Wasserstände, Eiszeiten und Erosion das Gebiet zu seiner heutigen zauberhaften Landschaft geformt.

Heute wäre es den sagenumwobenen Drachen wahrscheinlich generell zu laut in der Drachenbucht. Unzählige, mittlerweile statt braun meist weiß getünchte Boote, vietnamesische Dschunken, um- oder neugebaut zu Hotelschiffen, schlängeln sich ameisengleich übers schillernde Wasser der Tonkin-Bucht, die sich hinein ins Südchinesische Meer öffnet. Über Jahre schon zählt diese spektakuläre Landschaftsformation zu den Hauptreisezielen in Asien, wenn nicht sogar der ganzen Welt. In den verschieden-

Die Halong-Bucht zählt zu den bekanntesten Reisezielen in Asien. Jeden Tag sind unzählige Boote mit zahlreichen Reisenden in der Felsenwelt im Meer unterwegs. Für viele ist eine Übernachtung auf einem der Boote ein Höhepunkt in der Vinh Ha Long.

sten Preisklassen werden Tagesfahrten und Mehrtagesausflüge in die Felsenwelt im Meer angeboten. Je nach Jahreszeit schwanken die Preise für die Ausflugsangebote.

Die größte Insel in der Halong-Bucht bildet Cat Ba, heute gut von Hanoi aus mit Bus und Schnellbootverbindung zu erreichen. Die Insel lockt vor allem Reisende, die etwas mehr Zeit mitbringen und wenigsten zwei oder drei Nächte in der Vin Ha Long verbringen möchten. Neben der Stadt gibt es hier noch genügend Platz für Natur und ruhigere Flecken. Vom alten Kanonenhügel mit der Wehrbefestigung öffnet sich ein 360 Grad Panorama der Insel und ein wunderbarer Blick über einen Teil der Drachenbucht. Ein riesiges Karstfelsenmeer verzaubert die Besucher.

Aber nicht nur die Felsen sind es, die hier das Bild bestimmen. Zwischen ihnen sind etliche bunt angemalte Häuser auf dem Meer zu entdecken. Ganze schwimmende Dörfer schieben sich zwischen die pittoresken Felsen. Fischzuchtanlagen, Wohnhäuser, kleine Läden: alles was man zum Leben auf dem Wasser so braucht, ist hier entstanden. Kinder sitzen auf den schwimmenden Holzstegen, warten auf ihre Boote, die sie in die Schule

BO RAC DUNG NOI QUY DINH,
HANH DONG NHO, Y NGHIA
HP 298

auf Cat Ba bringen. Ermöglicht wird dieses Leben auf dem Meer durch viele kleine nussschalenartige Boote und größere Fischerkähne. Gehandelt wird direkt auf dem Wasser, mittlerweile kommt hier auch die tägliche Müllabfuhr per Schiff. Die Wasserqualität der Halong-Bucht hat über viele Jahre gelitten. Gerade auch der stark zunehmende Tourismus verändert das ökologische Gleichgewicht und verursacht unglaubliche Mengen Müll. Immerhin haben die Behörden das Problem erkannt und beginnen umzusteuern.

Wie viele Reisende hier pro Tag auf Booten übernachten, zeigt sich vor den bekanntesten Felsen nahe der Grotte Hang Sung Sot in der Halong-Bucht.

Die kleine bewaldete Felseninsel Ti Top scheint die Schiffe förmlich anzuziehen. Tausende Besucher pro Tag legen auf der Insel und dem kleinen Sandstrand an. Diese kleine Insel hat ihren Namen vom ehemaligen sowjetischen Astronauten German Titow bekommen. Robinsongefühle auf einsamer Insel fühlen sich anders an. Wer aber den überfüllten Strand verlässt und die 400 Stufen hinauf auf den Gipfel der Insel steigt, wird belohnt mit einem phantastischen Blick in die Felsenwelt der Halong-Bucht. Etwas ruhiger ist es hier oben außerdem. Am späten Nachmittag machen sich die Tagesausflügler auf ihren Schiffen auf den Rückweg. Vor Anker gehen all diejenigen, die über Nacht hier bleiben. Je nach Wissen und Willen der Kapitäne an einen ruhigeren oder belebteren Liegeplatz. Im Idealfall zieht also langsam Ruhe ein, bis der nächste Morgen anbricht.

Vielleicht ein Morgen mit diesigem ersten Morgenlicht kurz nach der Dämmerung, wenigen Farben und einer fast monochromen mystischen Landschaft, die dem Tonkin-Meer zu entsteigen scheint. Eine äußerst faszinierende Landschaft mit den wunderbaren Felsen der Drachenbucht, geformt durch die mythischen alten Drachen Vietnams.

Die Insel Cat Ba ist die größte Insel in der Halong-Bucht. Viele schwimmende Dörfer befinden sich in Inselnähe zwischen den großen Felsen, die aus dem Meer herausragen. Sie gehören bis heute zum Lebensalltag der Vietnamesen in der weltbekannten Landschaft in der großen Tonkin-Bucht.

Herzlichen Dank an Marko Deiters, Carsten Enders, Tran Nguyen Ngoc Nhan, Luca Schubert, Huong Giang Nguyen, Gunhild Röth, Magdalene Schubert, Hanh Le, Annette Bouvain, Lissi Reske, Kerstin Engel, Ortlieb Sportartikel GmbH, u.v.m.